109 ways to Find your Style & Confidence

大人体型の「きれい」を引き出す着こなしの作戦

服飾戦略スタイリスト
窪田千紘

講談社

ムリしてやせる必要なし！
大人は体型が変わって当たり前

「40代になったとたん、急に体型が崩れてきた」
「ダイエットをしても、なかなか体重が落ちなくなった」
「出産を経て体型、体重が変わり、何を着てもパッとしなくなってしまった」
「昔似合っていた服が似合わなくなり、何を着ていいかわからない」
「今の自分に自信が持てない」

周囲の女性たちから、よくこんな声を耳にします。この本を手に取ってくださったみなさんの中にも、同じように大人ならではの体型（＝大人体型）にとまどいを感じている方は多いのではないでしょうか。

多様化が求められる今の時代においても、美の基準だけは昔のまま。

「若い頃と変わらない体型でいなくちゃいけない」

「年齢不詳の美魔女でいるべき」

prologue

という暗黙のプレッシャーが根強くあり、大人の女性たちを生きづらくさせています。

でもそもそも、若い時と今とで体型が同じでなくてはいけない、という考え方がおかしいのです。

なぜなら、人は年齢によって体型が変化する生き物だから

有名下着メーカーの研究によると、女性の加齢による体型変化には一定の法則があるといいます（下図）。20代で大人の女性としての身体が完成すると、基礎代謝が下がりはじめ、38歳前後に急激な体重増加がはじまります。そして、40歳から46歳の頃には、下半身より上半身のボリュームが目立つ体型に変化していくそうです。つまり、年齢を重ねて体型が変化するのは、女性として成熟した証拠、当たり前のことなのです。

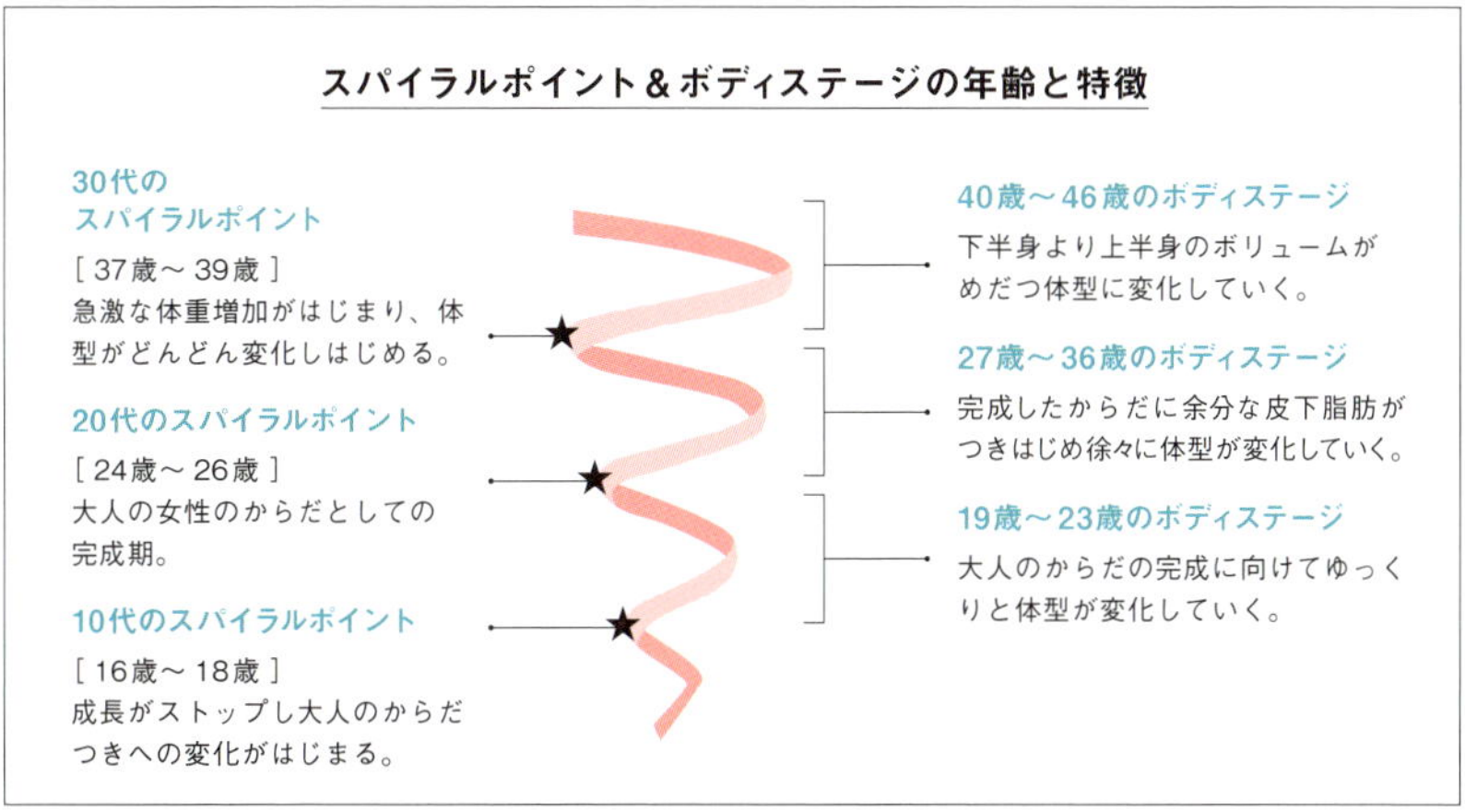
スパイラルポイント＆ボディステージの年齢と特徴
30代のスパイラルポイント
［37歳～39歳］
急激な体重増加がはじまり、体型がどんどん変化しはじめる。
20代のスパイラルポイント
［24歳～26歳］
大人の女性のからだとしての完成期。
10代のスパイラルポイント
［16歳～18歳］
成長がストップし大人のからだつきへの変化がはじまる。
40歳～46歳のボディステージ
下半身より上半身のボリュームがめだつ体型に変化していく。
27歳～36歳のボディステージ
完成したからだに余分な皮下脂肪がつきはじめ徐々に体型が変化していく。
19歳～23歳のボディステージ
大人のからだの完成に向けてゆっくりと体型が変化していく。

資料提供　ワコール

だから私たちは、声を大にして言います。

ムリしてやせる必要なんてなし！

若い頃とは違って、大人は程よくふくよかなほうが、女性らしい幸せ感を醸し出します。そして、**実際にやせなくても、着るだけで「5キロやせ見え」の法則はちゃんと存在するのです。**

Change your life

体型が変わったからこそ考え方・あり方を変化させるべき

私たちが日々発信しているブログ「STYLE SNAP 大人世代の普段着リアルクローズ」は、そんな女性たちのリアルな声によって育てられたブログです。

２０１３年にスタートして以来、今年で５年目を迎えました。

おかげさまで、月間４００万ＰＶ、毎月50万人が訪れる媒体にまで成長しました。

prologue

「お洒落ブロガーさんは背が高くて細い方ばかり。マネしても似合わないことが多いけれど、スタイルスナップは着ている方がリアル体型なので参考になります！」

「40代になって、着たい服と似合う服が違ってきたことに愕然！　何を着たらいいかわからなくなった時に、このブログに救われました」

「出産・育児・退職を経て『お洒落って何だっけ？』状態に陥った私に『等身大でもお洒落ができる』ということを教えてくれたのはこのブログでした」

「リアルで程よくお洒落なところが好きです」

「記事の内容がフレンドリーで、おもしろい」

こんな感想が、私たちのもとに届きます。本当に、ありがたいことです。

大人の女性たちが「すぐマネできるスタイル」を、モデルでもなければ、特別キレイでもない、「普通の女性」である、私たち（フォトスタイリングジャパン　チーム・スタイルスナップ）がお伝えしています。

私たちは体型も年齢も個性もさまざま。

リアルな大人世代として、刻々と変わる身体や内面の変化を捉えながら、みなさんの参考になるスタイルを提案したいと日々奮闘しています。

prologue

私たちが提案したいのは、
「**いつかやせたらキレイに着られる服**」ではなく、
「**NYやパリで最先端のファッション**」でもない、
「**ありのまま、今のあなたを美しく見せる服**」なのです。

Plan do see

大人体型に必要なのは、作戦・実行・客観視

旅行に行くにも、資格のための勉強をするにも、大事なのは最初の「プランニング」。つまり物事を行うために、その方法・手順などを筋道を立てて考えることが必要です。

これをしないで「旅行に行こう」と思って玄関を出たとしても、どこに行くのか？　交通手段はどうするの？　など、見当がつかないはず。

第一に必要なのは**大人体型をどうやって攻略するかの「作戦」**。

この本の中では最初に6つの作戦を考えました。この6つの作戦は「**誰にでもすぐできて**」「**確実に素敵に見える**」という方法。

次に「**実行**」。**実際にあなたが素敵になるために、そのまま着て「マネをすればいい**

age 55
[160cm]

age 47
[160cm]

age 43
[170cm]

age 51
[168cm]

age 50
[164cm]

age 49
[158cm]

TEAM style snap Presents

年齢も体型もさまざまなスタイルスナップメンバー。お互い思ったことを何でも話せるから、スタジオ内はいつも笑顔が絶えません。左から、吉田、南都、窪田、原田、榎木、森村。

prologue

だけ」というアイデアを盛り込みました。

最後に「**客観視**」。この本のコーデでは、「**紺色**」「**白**」「**黒**」といったモノトーンが多く使われています。それは心理学的にも、「**誰からもきちんと見える**」という確率が高いからです。例えば、若い頃のように「花柄が可愛い」「ピンクがやっぱり一番好き」と、好きな気持ちを前面に出した着こなしは大人には無理。そこをきちんと考慮して、**みなさんができるだけ好印象をもたれるように構成しています。**

今回は、１６０センチ63キロ、大人体型代表として、スタイルスナップ読者に大人気の、事務局原田が身体を張って登場します。彼女のビフォー&アフターの写真を通して、「**着こなしだけで、５キロやせ見えはできる！**」ということを実感して頂ければ幸いです。

洋服のスタイリングを変えるだけで
見違えるように素敵なあなたに変身

さあ、そのままのあなたの「キレイ」を引き出す作戦を始めましょう——。

prologue 2

chapter 1

大人体型を攻略する6つの「作戦」

1 ［濃い色引き締め作戦］
黒や紺で全体をコーディネートすることでスッキリした印象に 20

2 ［ロングドレス作戦］
ロングドレスのように一枚の布でできている服は確実にキレイに見える 24

3 ［ワンカラーコーデ作戦］
全身を1色で揃えると一発でセンスよく見える 28

4 ［棒ラインコーデ作戦］
頭からつま先まで細長い長方形をイメージする 32

5 ［首まわりV作戦］
意図的にVラインを作ると顔のくすみやしわが程よく飛ぶ 36

6 ［視線を上に誘導作戦］
上半身のアクセントにはストールや明るめトップスを 40

COLUMN #01 44

contents

chapter
2

ボトムス3点＋トップス4点＋アウター1点で簡単やせ見え大人体型着回しコーデ

chapter
3

基本のアイテム大人体型が選ぶチェックポイント

02 「**ニット**」Vネックニットはワンサイズ上を狙う 59
03 「**タートルネック**」タートルネックは一枚でストンと着る 60
04 「**ジーンズ**」黒ジーンズはロボコン体型の強い味方 61
05 「**ワイドクロップトパンツ**」ワイドクロップトパンツは足元に軽やかさが出る 62
06 「**テーパードパンツ**」テーパードパンツはストライプで細見えW効果 63
07 「**ロングタイトスカート**」ロングタイトスカートは丈が長いほどエレガント 64
08 「**プリーツスカート**」プリーツスカートは濃い色と光沢のある素材で大人に格上げ 65
09 「**ワイドパンツ**」とろみワイドパンツなら脚のラインを隠しつつ「脱・迫力系」 66
10 「**ロングコート**」丈の長いコートで胸元にVラインを作る 67
11 「**トレンチコート**」長め丈&光沢感のある黒トレンチは超優秀 68
12 「**ダウンコート**」ダウンコートは胸元をVライン、全身をAラインにすれば着ぶくれしない 69
13 「**ショートブーツ**」スカートもパンツもさっと今の顔になるショートブーツ 70
14 「**スニーカー**」大人のスニーカーはスウェードかベロア素材で 71
15 「**フラットシューズ**」シュッとした印象になる先の尖ったフラットシューズ 72
COLUMN #02 73

contents

chapter

4

大人体型は要注意！「やってはいけない」NGコーデ集

01 40歳を過ぎたらボーダーは細心の注意を払って選ぶ 76

02 まだ着ていたら要注意！　短めチュニック＋レギンスは卒業 78

03 大人がヨレヨレジーンズを穿くと一気に安っぽい印象になる 80

04 「ラクが一番！」は老化を加速させる 82

05 花柄はトップスにもってくると「ロマンティックおばさん」になりがち 84

06 首まわりがつまったトップスはデコルテのレフ板効果が使えずもったいない 86

07 普通のTシャツは、くたびれた感が出てしまう 88

08 ゆったり＋ゆったりは後ろ姿がドラム缶化しやすい 90

09 フリフリは大人には甘くなりすぎる 92

10 中途半端な丈のカーディガンはもっさりした印象になる 94

11 膝上のタイトスカートはアウトと心得るべし 96

COLUMN #03 98

contents

chapter

5

大人体型の「あるある」お悩み解決！ ビフォー&アフター

01 全体的に「丸い！」印象をどうにかしたい 102

02 横から見た姿がずんぐり。まるで樽みたい!? 104

03 いくつになっても、甘めの服が着たい！ 106

04 肌色がくすんで老けて見える 108

05 足元が寒くて足首が出せない 110

06 ヒールは大嫌い。ヒールを履いている人が信じられない！ 112

07 首元が寒くて、スッキリ見せられない 114

08 周りから「浮いてる」と思われたくない 116

09 若作りしてるって思われたくない 118

10 昔の服が似合わない 120

COLUMN #04 122

epilogue 124

メインモデルを務めるのは
160センチ、63キロ
大人体型代表の
事務局原田です！

ダイエットより、
おいしいもの
お腹いっぱい
食べたいねん

組み合わせ？
好きなのを
着たいねん

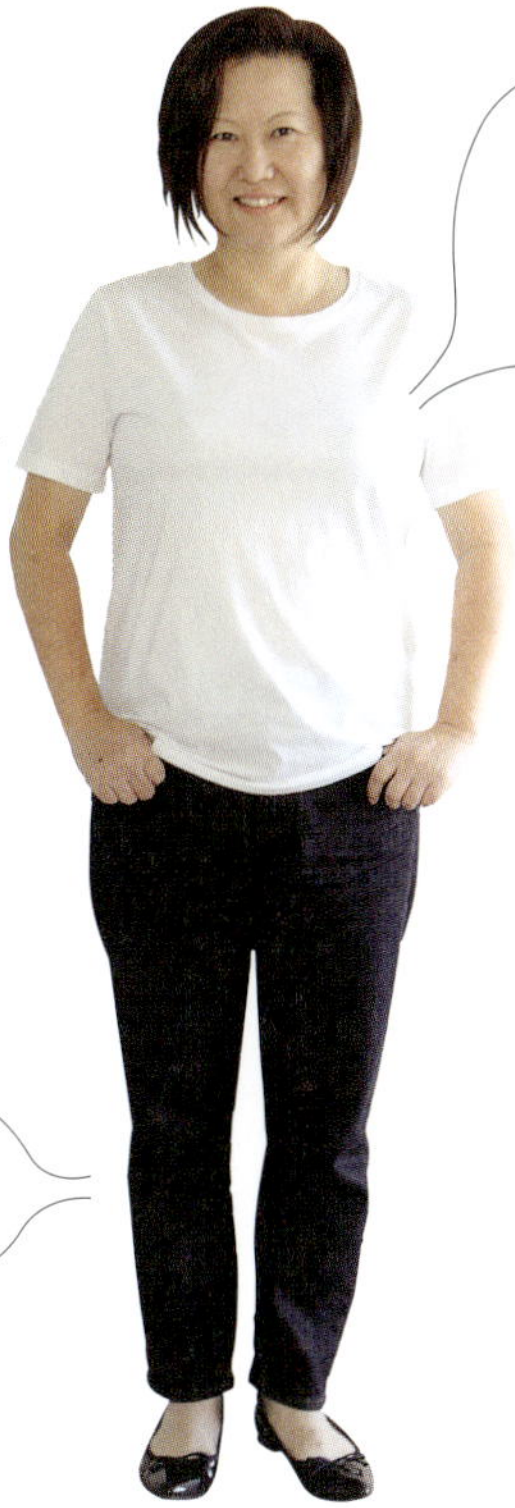

着ていてラク
なのが一番や

Harada's PROFILE

160センチ、平均体重63キロ（61～67キロをいったりきたり）。

いつも笑顔、根っからの関西人。大人体型代表・事務局原田がみなさんに代わって、大人ならではのお悩み解決に挑みます！

いかにも頑張ってお洒落してます！　という感じではなく、
着ていてラクだけどお洒落な服が知りたいです

40代に入ったあたりから
何を着ていいいか
わからなくなった私を、
このブログが救ってくれました

**ためしにブログで紹介しているコーデを
そのままマネしてみたら、本当にいつも
より痩せて見えてびっくり**

自信のない私に、勇気を
くれるブログ。読むたびに
「大丈夫！」と背中を
押してもらっています

親しみやすい
語り口で
読みやすい

メンバーのみなさんが
いつも仲良さそうで、
その明るい雰囲気が
文章から伝わってくる
ところがいい

Voice from readers

全国の大人世代の女性から、お悩みやメッセージを毎日たくさん頂いています！

シンプルでわかりやすく、
価格もリーズナブルで、
とても実用的

おしゃれのポイントをわかりやすく
解説してくれるので助かります

大人ならではの
流行の取り入れ方を
知りたい

寒がりなので、手首や足首を出さないで
すっきり見える着方を教えてほしいです。

原田さんの笑顔＆親しみやすい
ところが大好きです

年齢より若く
見せたいけれど、
若作りしてるとは
思われたくない

おしゃれな細いモデルさんじゃなく、リアルな体型の
女性が実際に着てくれるので、すごくわかりやすい

ある日ふと鏡に映った自分を見たら、
後ろ姿が丸くなっていて、びっくり！

身体のラインが以前と変わってしまい、
何を着ても「これでいいのかな？」と
不安になります

肩や背中が丸くなり、
若い頃のようにＴシャツが
似合わなくなったのが悲しい。
カッコよくＴシャツを
着こなしたいのに

この２年で
４kg増えました

原田さんのビフォーアフター、
いつも楽しみにしています！

one-piece_ZARA
shoes_H&M
bag_CHANEL

第1章で紹介している「ロングドレス作戦」を使ったコーデ。ロング丈のシャツワンピースにストライプも加わって、着やせ効果抜群の一枚です。歩くたびに裾がヒラッとなびいてエレガントな印象。

chapter

1

［ 第１章 ］

大人体型を攻略する6つの「作戦」

この章では、大人体型を攻略するための大前提をご紹介します。難しいテクニックは全く必要なし。「誰でもすぐできて」「確実に素敵に見える」作戦――大人体型代表・事務局原田のツッコミどころ満載な「あるある」ビフォーとアフター写真のギャップにもご注目ください。

濃い色引き締め作戦

作戦
1

Operation
dark color

before

グレーのカーディガンはなんにでも合うから便利や
息子は高校生やけど、マザーズバッグは30代から使っとるで
ウエスト切り替えの花柄が可愛いやろ

色があっちこっちに散らばっていて、キレイに見えない！

POINT #01

黒や紺で全体をコーディネートすることでスッキリした印象に

Operation
dark color

after

ロゴTを
インナーにすると
アクセントになる

黒のロング
カーディガンと
プリーツスカートで
縦長ラインを
ダブルで強調

足元はカラーパンプスを
選ぶとあかぬける

top_UNIQLO
cardigan_Deuxième Classe
skirt_'PalinkA
shoes_Daniella & GEMMA

POINT #02

色で遊ばないかわりに、素材感に変化をつけるのがコツ

Operation
dark color
・方程式・

モヘアのVネックニットは程よい光沢感と柔らかさが出て大人の上品さが醸し出される
ワイドパンツを選べば今時の印象に
靴はフラットのバレエシューズがお洒落

Vネックニット ＋ ワイドパンツ

top_GALLARDAGALANTE ／ pants_Drawing Numbers

チェックのストールをアクセントに
大人のジーンズは濃いめがいい
足元は白い靴で軽さを演出

ストール ＋ 黒ニット ＋ 白い靴

top_UNIQLO ／ pants_UNIQLO ／ bag_Willow Bay ／ shoes_madras
stole_Rakuten

私たちが毎日スタイルスナップで発信しているコーデのなんと8割以上が、黒や紺を使った「濃い色コーデ」です。理由はもちろん、大人体型を確実に細く見せてくれるから。

読者のみなさんの話を聞いていると、コーデになんとなく物足りなさを感じるのでしょうか、ついつい色物や柄物を使ってしまうようです。でもそれによって、全身の印象がちぐはぐになることもあるので注意が必要。思い切って、濃い色だけでコーデしてみてください。絶対にスッキリ、好印象に見えること間違いなしです。

人の第一印象は、顔の形や細かなパーツよりも、身体全体の色のインパクトが大きいものです。まずはこの大前提をしっかり頭に入れて、ほっそりした印象を作りましょう。

黒レースの
透け感が
女性らしさを
アップ
迷ったらとにかく
濃い色で揃える

黒レース
トップス
＋
黒クロップト
ワイド
パンツ

top_RAZIEL ／pants_DoCLASSE ／bag_H&M ／shoes_H&M

黒のとろみブラウスで
大人しか出せない
優美さを
ペンシル形
スカートは
膝より下が
大人の丈
黒タイツ＋
グレーか黒の
パンプスで
脚長効果を狙う

黒とろみ
ブラウス
＋
ツイード
タイト
スカート

top_ESTNATION ／skirt_Plage ／bag_ZAKKA-BOX ／shoes_& Y

作戦 2

ロングドレス作戦

Operation
long dress

before

mistake
あかぬけない

上下別々にコーデするのがお洒落の基本やで
ズーン
レースのスカートは今、流行っとんねん
ヒールと靴下合わせるのがツウや

ひとつひとつのアイテムにはこだわっていても、組み合わせた時の印象がバラバラ

上下別々にコーデすると失敗しやすい？

POINT #01

ロングドレスのように一枚の布でできている服は確実にキレイに見える

Operation
long dress

after

柄よりも
無地のほうが好印象
シャツワンピは
ロングドレス効果が
高いアイテム
丈は長ければ
長いほうがスタイルが
よく見える

top_UNIQLO
one-piece_Rakuten
bag_STELLA McCARTNEY
shoes_RANDA

POINT #02

ロングドレス作戦は 丈が長ければ長いほどいい

Operation
long dress
・方程式・

サロペットは
ゆったりしたものを
選ぶと
着映えがする
トラッドな柄を
選ぶと子供っぽさ
がなくなり
大人カジュアルに
足元は
スニーカーや
ショートブーツが
GOOD

ニットワンピは
ただかぶって
着るだけでサマに
なる万能選手
ロングブーツと
合わせれば
足元コーデも
困らない
長めの丈を選ぶと
インパクトが出る

濃い色トップス ＋ サロペット

ニットワンピ ＋ ロングブーツ

top_UNIQLO ／ **salopette**_RAZIEL ／ **shoes**_CONVERSE

one-piece_L'Appartement ／ **shoes**_CHARLES & KEITH ／ **bag**_Kitamura

女性を確実にキレイに見せる服の代表格といったらウエディングドレスや着物。それらに身をつつんだ女性は、誰もが輝いて見えます。

彼女たちがキレイに見える理由は、一枚の布でできている服を着ているから。上下で切り替えがないシンプルな服は、確実に美しく見え、周りからの評価が高まります。一方、「トップス」「ボトムス」と途中で切り替えがあると、身体のラインが分断されてしまうので、実はとても損なのです。

特別なイベントだけでなく普段着でもこの「ロングドレス作戦」を使うと、簡単に素敵な人になれます。丈の長いワンピースやオールインワンを使えばとても簡単です。

シャツワンピは
ボタンをあけて
Vネックにすると
スッキリ見える
ボタンを
全開にして
カーディガン風
に着ても◎

シャツワンピ ＋ 濃い色ボトムス

one-piece_UNIQLO ／pants_UNIQLO ／shoes AmiAmi

グレーの
ニットワンピは
アレンジ
しやすい逸品
アクセントは
バッグやベルト
でつける

ニットワンピ ＋ ロングブーツ

one-piece_ZARA ／belt_B.C.STOCK ／shoes_23区
bag_en récré

ワンカラーコーデ作戦

作戦
3

Operation
one color

before

POINT #01

全身を1色で揃えると一発でセンスよく見える

Operation
one color

after

Vネックを選んで
スッキリした印象に
全部白で
コーディネート
するとあかぬける
靴とバッグは
引き締めカラーを
選ぶ
top_UNIQLO
long knit_GAP
pants_net price
shoes_FABIO RUSCONI
bag_GAP

POINT #02

コーディネートに迷った時は ワンカラーにすれば間違いなし

Operation
one color
・方程式・

ボートネックを選ぶと
気取らない
女らしさが出る
バッグはあえて
黒の入った
引き締まった
ものを選ぶ
ベージュで上下を
まとめると一気に
海外セレブ風に

上下紺色で
統一した
コーデなら
好感度 UP

ワイドパンツ ＋ ベージュコーデ

ロングブーツ ＋ 紺色コーデ

top_MANGO ／**pants**_RAZIEL ／**shoes**_ZAKKA-BOX
bag_3.1 Phillip Lim

top_GU ／**skirt**_ANGLOBAL SHOP ／**shoes**_FABIO RUSCONI

この「ワンカラーコーデ作戦」は、先ほどの「ロングドレス作戦」の応用編。「上下統一していると好印象」という心理作用を利用します。やりかたは簡単！　**普段、何気なく選んでいる上下の色を揃えるだけ。**非常に簡単なのに、これがインパクト大なのです。

実はこの法則、ブログで大人気のテーマ「ビフォー&アフター」での失敗経験から生まれたもの。ビフォー写真を撮る時に上下の色が揃っていると、なぜかNGにならない。どう着ても「いい感じ」に見えてしまう、という失敗!?が何度もあったのです（笑）。

つまり「よく見せる」ためには「上下の色を揃えてワンカラーコーデにする！」ということ。それだけでグッと洗練されて見えますよ。

オフホワイトを
トップスにもってくると、
顔まわりが明るくなる
ヌーディ色
パンプスで
脚長効果を狙う

ヌーディ色パンプス ＋ オフホワイトコーデ

top_UNIQLO ／pants_STUNNING LURE ／bag_PELLICO ／shoes_AmiAmi

少しくすんだモスグリーンを
トップスにもってくることで
大人の落ち着きが出る
モヘアニットを
選ぶと微妙な
光沢感が出て
大人の肌に
なじむ
プリーツ
スカートは
穿くだけで
縦長に見える
鉄板アイテム

プリーツスカート ＋ グリーンコーデ

top_UNITED ARROWS green label relaxing ／skirt_ZARA
shoes_Odette e Odile ／bag_FERCHI

作戦
4

棒ラインコーデ作戦

Operation
I-line

before

mistake
着太り

今日は年相応にしてみたで
スカートはアシンメトリーや。お洒落にはこだわっとる
靴は、流行のバレエシューズや

「トップス」「ボトムス」「足」と3つに分断されてしまって、全体的にスッキリ見えない

POINT #01

頭からつま先まで細長い長方形をイメージする

Operation

I-line

after

Vネックを選んで、首元スッキリ
ワンピースにもなるユニクロのニットは棒ラインコーデにぴったり
one-piece_UNIQLO
pants_UNIQLO
shoes_Daniella & GEMMA

パンツは細身ではなく、あえて太めを選ぶと今風に

POINT #02

大人体型が**即着やせ**して見える 鉄板「**棒ライン**」コーデ

Operation
I-line
・方程式・

膝下まで長さのある
ガウンコートは
羽織るだけで
縦ラインが
強調される
ショールカラーを
選べばさらに
縦ラインに
威力を発揮
トップスと
ボトムスは
ワンカラーで
統一すると
簡単に
着映えがする
先の尖った
フラットシューズ
が相性◎

トップスに明るい
色を選ぶことで
目線が上に
トップスは
ジャストサイズ
を選ぶ
タイトの
ロングスカートは
棒ラインコーデを
作るには
欠かせない

ガウンコート ＋ 白コーデ

coat_OUVRAGE CLASSE ／top_UNIQLO ／pants_DoCLASSE
shoes_OUVRAGE CLASSE

Vネックニット ＋ ロングタイトスカート

top_'PalinkA ／skirt_Plage ／bag_JOURNAL STANDARD ／shoes_COLE HAAN

大人を美しく見せるシルエットといったら「棒ライン」。これに限ります。一般的に「Iライン」「縦ライン」と言われていますが、要するに、全身の印象を「一本の棒」になるようにすればいいだけ。

この作戦の場合、ロングカーディガンやガウンコート、ロングジレなどを筆頭に、**縦のラインがしっかり出るアイテムをセレクトするのがコツです**。縦のラインが強調されて、全身がスッキリ見えます。

それ以外にも、最近人気のペンシルスカートなどに、コンパクトなトップスを合わせると、簡単に棒ラインになります。

考えてみたら、日本古来の着物も完全に「棒ライン」ですね。女性を美しく見せる形は、昔から変わらないものなのかもしれません。

ニットのセットアップは
着るだけで棒ラインになる
便利アイテム
普段あまり着ない
色でも、上下の色を
揃えるとしっくりと
まとまる

セットアップ ＋ ロングブーツ

setup_ur's ／shoes_SARTORE

ハイウエストパンツに
プラットフォーム靴を
セレクトすれば
10センチは
脚長効果が
期待できる

シャツ ＋ ワイドパンツ

top_ENFÖLD ／pants_ENFÖLD ／shoes_plain people

作戦 5

首まわりV作戦

Operation V-neck

before

mistake あるある

ロングネックレスはマダムの必須アイテムや
首まわりにポイントをもってくるのが大事や
靴は履きやすさ重視のコンフォートシューズや

「タートル」というより「とっくり」って感じ!? 首が詰まって見えて、顔の大きさが強調されているような……（汗）

POINT #01

意図的にVラインを作ると顔のくすみやしわが程よく飛ぶ

Operation
V-neck

after

とろみのあるブラウスはセクシーな雰囲気が出て女性らしさアップ

POINT #02

深くあいたVニットを選べば それだけで女性らしさアップ

作戦 5

Operation
V-neck
・方程式・

Vネックの
ストライプシャツで
メリハリある
上半身に
上半身を
コンパクトに
まとめると
Aライン
スカートが
キレイにまとまる
スカートが
長めの時は
靴は軽やかな
印象のものを
選ぶ

シャツはボタンを
はずしてVラインを
しっかり作る
前だけインすると
スッキリ感&
脚長効果アップ

ストライプシャツ ＋ 濃い色スカート

白シャツ ＋ ワイドパンツ

top_GU ／skirt_GU ／shoes_madras

shirt_GU ／pants_UNIQLO ／shoes_Odette e Odile

スタイルスナップのメンバーには、暗黙の了解があります。それは「Vネックなどデコルテがあいたトップスでないと、私たちおばちゃんは辛い！」ということ（笑）。

若い頃はTシャツでもトレーナーでも着こなせたのに、今はもう無理。少しでも首がつまっていると、首は短く、顔が大きく見え、ハリの少ない肌が強調されてしまいます。ではどうしたらいいのか、あれこれ試して行きついたのがVネック。着るだけで、顔まわりの印象がぐっとよくなってびっくりしたものです。そのことに気がついたのがスタイルスナップの初期。当時は今ほどVネックは一般的でなく、探すのに一苦労でした。でも今は、Vネック大全盛。多くのブランドで見つけられるので、利用しない手はありません。

シャツにメガネや
サングラスを
引っ掛けるとVライン
が強調される

リネンシャツ ＋ サングラス

shirt_GAP ／pants_LEVI'S ／shoes_GAP

モヘア素材の
ニットは
大人の可愛さを
さりげなく
アピール
デコルテが
天然のレフ板
効果を生む
カラーパンツは
深い色を選べば
大人でも大丈夫

Vニット ＋ キレイめパンツ

top_The Dayz tokyo ／pants_Spick&Span ／bag_PELLICO
shoes_AmiAmi

視線を上に誘導作戦

作戦 6

operation
accent

before

mistake
やりすぎ
大阪のおばちゃんのためにあるようなヒョウ柄見つけたで
スパッツと合わせるのが王道や
ドヤアアア
ヒョウ柄のインパクトが強すぎて、体型に目がいってしまう
かえっておばちゃん体型が強調されている!?

POINT #01

上半身のアクセントには ストールや明るめトップスを

Operation
accent

after

チェックの
大判ストールで
視線を顔まわりに
集中させる

コーデ全体を
Iラインにして
さらに視線を上に
引きつける

足元に目が
いかないように
タイツと同じ色の
黒ブーツで
存在感を消す

one-piece_UNIQLO
shoes_Daniella & GEMMA
bag_MILOS
stole_Rakuten

POINT #02

経験豊富な大人は「体型」よりも「知恵」を絞る

Operation
accent
・方程式・

胸元に横ラインの入ったニットは、視線が上に集まる
コーデの色を統一して横ラインに視線を誘導

スカーフは三角に折って端と端を首の後ろで結ぶだけ
コーデをワンカラーにすることで、視線をスカーフに誘導
ワンカラーコーデは自然と縦ラインになりほっそり見えのダブル効果

横ラインニット ＋ 紺コーデ

スカーフ ＋ ホワイトコーデ

top_UNIQLO ／**skirt**_GU ／**shoes**_madras ／**bag**_RAZIEL

top_UNIQLO ／**pants**_Spick&Span ／**shoes**_FABIO RUSCONI
bag_Deuxième Classe ／**scarf**_select shop

年齢と共に重心が下に落ちていく女性の体型。それに伴って全身の輪郭がぼやけて曖昧に……。そこで必要な作戦は、相手の視線を上に集めて輪郭からそらすこと。

やりかたはとても簡単。コーデの上のほうにアイキャッチを作って、自然とそこに目がいくようにするだけ。気になる「洋梨体型」もスルーしてもらえます。代表的な誘導方法は3つ。

①目立つ色をトップスにもってくること。

②ストールやスカーフ、あるいはニットなどで首まわりにアクセントをつける。

③帽子やメガネなどを使って顔まわりにインパクトをもってくること。洋服はシンプルにして、できるだけそのアクセントに意識を集中させることがコツです。

白マフラーは
モダンな印象
かつ視線が自然と
上になり◎
視線を
誘導するために
全身のコーデは
あえて
黒一色で統一

イエローのシャツは
着るだけで視線が
そこに集まる
ボトムスは
白で軽さと
好印象を狙う

白マフラー ＋ 濃い色コーデ

イエローシャツ ＋ 白パンツ

coat_LEMAIRE ／**top**_IÉNA ／**pants**_ZARA
shoes_PELLICO ／**bag**_JOURNAL STANDARD ／**stole**_matti totti

top_DoCLASSE ／**pants**_DoCLASSE ／**shoes**_COLE HAAN

COLUMN
#01
Accessory

肌の衰えを払拭してくれる
光り物は必須。
躊躇せず、
じゃんじゃん身につけよう

年を重ねるごとに必須になるのが光り物のジュエリー。ピアスにしてもネックレスにしても、加齢で衰えた肌を上品さで包み込んでくれる有り難い存在。躊躇せずにどんどん身につけましょう。

ブログだと小さくてご紹介しにくいのですが、メンバーが好んでつけているのがイヤリングやピアス。顔まわりにくるので、これがあるとシンプルなファッションでもグッと格上げされます。

中でも使いやすいのはチェーンタイプ。ただ引っかけるだけで、キャッチも必要のないものを選ぶとストレスフリー。しかも洋服を選ばず、どんなスタイルにもOK。ラインも縦に流れるので、ほっそり顔の効果もあり。一度使うと、ゴールドとシルバー両方揃えたくなりますよ。

accessory_IRIS 47

TEAM
style
snap
Presents

top_DES PRÉS
pants_ROPÉ
shoes_FABIO RUSCONI
bag_FRAY I.D

Vネックのカーディガンは、ボタンを留めて一枚で着ると首まわりがスッキリして見えます。インナーのキャミやタンクトップは見せないようにして、Vネックラインをキレイに見せるのが決まり。

chapter

2

［第２章］

ボトムス３点＋トップス４点＋アウター１点で

簡単やせ見え大人体型着回しコーデ

この章では、簡単に「やせ見え」を実現させる着回しコーデをご紹介します。大人世代の顔色をよくする明るめトップスや着やせ効果が期待できるボトムス、そしてキレイめのアウター──どれを組み合わせても素敵に着こなせるよう、ひとつひとつのアイテムを厳選しました。

ボトムス基本3タイプを中心に大人体型着回しコーデ

Tops

大人世代の顔色をよくする明るめトップス４点

**ベージュの
ドルマンニット**

ドルマンスリーブで二の腕カバー、お腹もカバーできる優秀ニット。ゆったりめのサイズが安心。ボトムスはタイトにするとスッキリまとまる。

**ディープレッドの
エレガントニット**

大人世代には、顔映りがよく華やいで見えるディープレッドがおすすめ。マンネリ化しがちなコーデのアクセントに。

**ペールブルーの
シンプルニット**

定番Ｖニットをペールブルーで上品に。明るいカラーなら白と同じように使えて、何にでもマッチしやすい。ペールピンクやペールグレーでも同じような効果が。

**オフショルダーの
ボーダーニット**

ボーダー柄ならアクセサリーいらず！　これ一枚でカジュアルにもキレイめにも。オフショルダーでデコルテを出して女性らしさをプラス。

Outer

きちんと感とキレイめの両方を手に入れるアウター

ネイビーとろみコート

大人体型の新定番、ロング丈のトレンチコート。ツヤ感のあるソフトな生地が身体のラインをキレイに見せてくれる。

Bottoms

着やせ効果が望めるボトムス3点

bottoms 1

カーキの
タイトスカート

ロングタイト＆前スリットで脚をキレイに見せてくれる。トップスでは肌がくすみがちなカーキ色も、ボトムスで選べば若々しさが出る。

bottoms 2

白クロップトパンツ

センタープレス入りのクロップトパンツ。どんなトップスとも相性がよく、キレイめにスタイルアップして見える優秀パンツ。

bottoms 3

キレイめジーンズ

ウォッシュされていないインディゴジーンズ。濃い色はカジュアルコーデもキレイめに見える優れもの。先の尖った靴を合わせるとキレイにまとまる。

coordinate point ポイント

着回しコーデの決め手は
ボトムス選び！

bottoms 1

カーキの
タイトスカート

bottoms 2

白クロップト
パンツ

bottoms 3

キレイめ
ジーンズ

＋

ゆったり
トップス

カーキのタイトスカートで着回し

・bottoms・

back style

1

カーキ×赤の組み合わせでマンネリ脱出

エレガントニット ＋ タイトスカート

top_ZOZO ／**skirt**_FINE ／**bag**_PELLICO
shoes_Daniella & GEMMA ／**stole**_ZOZO

2

ボーダー&カーキは大人カジュアルの王道

ボーダーニット ＋ タイトスカート

top_UNTITLED ／**skirt**_FINE ／**bag**_COACH
shoes_Daniella & GEMMA

ボトムス #01

脚のラインをキレイに見せる**ロングタイト。**
カーキ色ならカジュアルな若々しさが出る

3

ゆったりニットも
タイトスカートで
キリッと着やせ効果

ドルマンニット ＋ タイトスカート

top_MANGO ／**skirt**_FINE ／**bag**_CÉLINE
shoes_Daniella & GEMMA

4

フラットシューズ合わせも
タイトスカートなら
女性らしい

シンプルニット ＋ タイトスカート

top_AZUL BY MOUSSY ／**skirt**_FINE ／**bag**_ARTEK
shoes_madras ／**stole**_JOURNAL STANDARD

白クロップトパンツ
で着回し

bottoms

1

コートで棒ラインを作れば
スッキリ着やせ効果大

とろみ
コート
＋
ドルマン
ニット
＋
白
パンツ

coat_canal deux Luxe ／**top**_MANGO ／**pants**_FINE
shoes_COLE HAAN ／**bag**_PELLICO

2

インパクト大の配色は
年末年始のおめでたい
席にもぴったり

エレガント
ニット
＋
白
パンツ

top_ZOZO ／**pants**_FINE ／**stole**_BAYFLOW
bag_Deuxième Classe ／**shoes**_Daniella & GEMMA

ボトムス #02

脚のラインがキレイに見える形を選べば、膨張色も怖くない

back style

3

ボーダーを合わせれば大人マリンの出来上がり

ボーダーニット ＋ 白パンツ

top_UNTITLED ／**pants**_FINE ／**bag**_CÉLINE
shoes_Daniella & GEMMA

ベージュ&白は上品なヨーロッパマダムのよう

4

ドルマンニット ＋ 白パンツ

top_MANGO ／**pants**_FINE ／**bag**_PELLICO
shoes_COLE HAAN

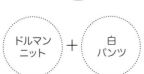

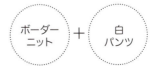

bottoms

キレイめジーンズ で着回し

1

ジーンズ&ボーダーも
オフショルダーなら
子供っぽくならない

ボーダーニット ＋ キレイめジーンズ

top_UNTITLED ／**pants**_UNIQLO ／**shoes**_ZARA
bag_Deuxième Classe ／**stole**_ZOZO ／**belt**_3COINS

2

ストールをさっと羽織って
縦ラインを強調

シンプルニット ＋ キレイめジーンズ

top_AZUL BY MOUSSY ／**pants**_UNIQLO ／**stole**_BAYFLOW
bag_Deuxième Classe ／**shoes**_JEANASiS

ボトムス #03

色落ちしていない**濃い色ジーンズ**は**大人**のキレイめコーデに欠かせない存在

3

カジュアルなジーンズも濃い色トレンチで
エレガントに

とろみコート ＋ エレガントニット ＋ キレイめジーンズ

coat_canal deux Luxe ／**top**_ZOZO ／**pants**_UNIQLO
bag_Deuxième Classe ／**shoes**_IÉNA

4

赤の差し色で
血色UP

ドルマンニット ＋ キレイめジーンズ

top_MANGO ／**pants**_UNIQLO ／**bag**_ARTEK
shoes_ZARA ／**stole**_ZOZO

TEAM
style snap
Presents

top_ZARA
pants_HÉLIOPÔLE
bag_PotioR
shoes_nano・universe

ドット柄のスカーフをあしらった珍しいブラウスを発見。定番の白と紺色でまとめても、ドットがアクセントとなり印象的なコーデに。センタープレスの入ったパンツで脚長効果も。

chapter

3

［ 第3章 ］

基本のアイテム 大人体型が 選ぶ チェックポイント

この章で紹介するのは、誰もが1着は持っている基本アイテム。毎日身につけるアイテムだからこそ、選ぶポイントがとても重要になってきます。ここでは大人体型のキレイを引き出すポイントをアイテムごとに解説。基本をしっかり押さえれば、毎日のコーディネートに迷うこともなくなります。

大人の新定番 シャツ

立体的なシャツなら豊満な肉を拾わない

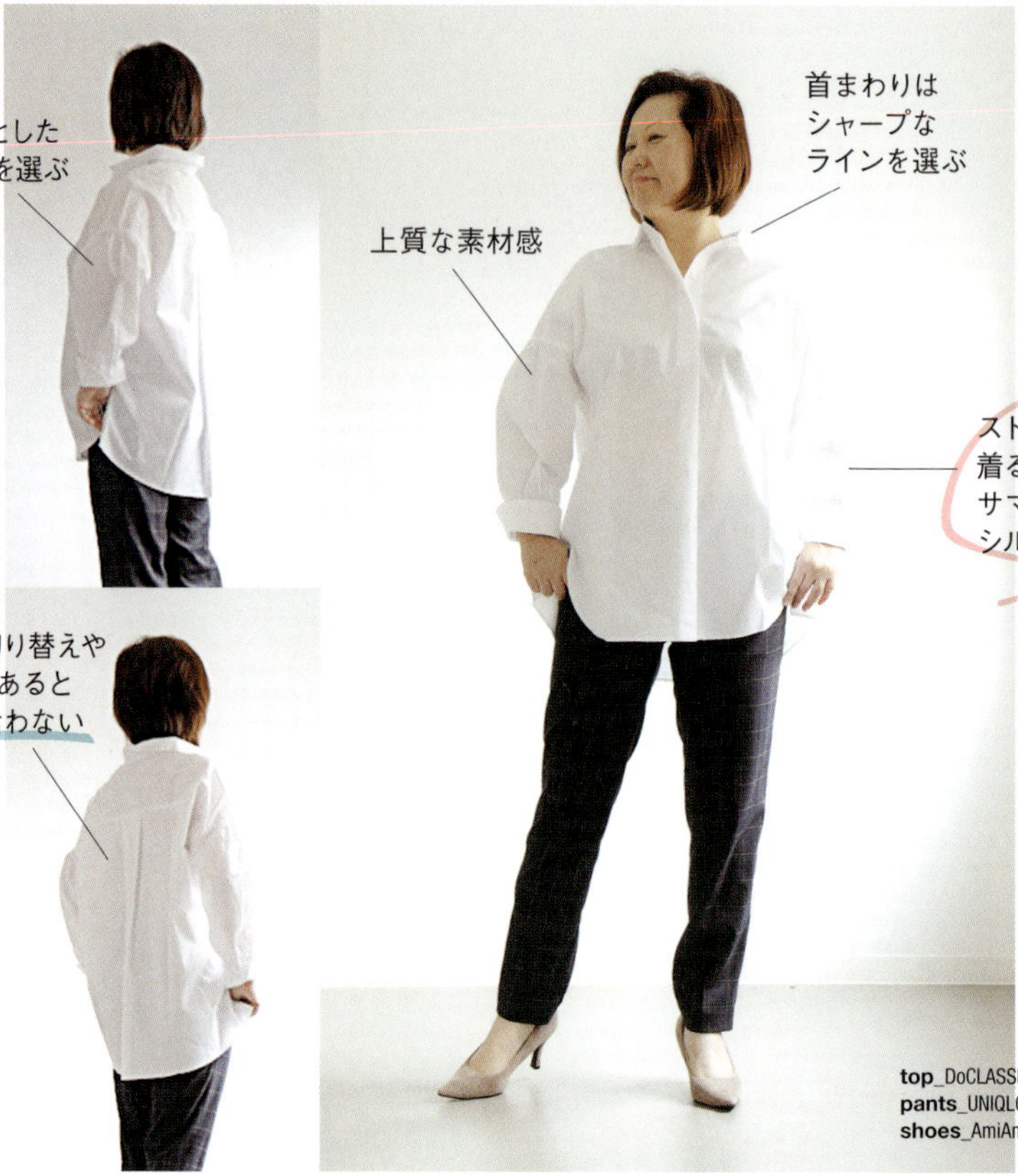
ゆったりとしたサイズ感を選ぶ
背中に切り替えやタックがあると背肉を拾わない
ストンと着るだけでサマになるシルエット

毎日忙しい大人にとって、実は白シャツはハードルが高いアイテムです。汚れが目立つし、アイロンは面倒。それでも、着た時のインパクトは絶大です。清潔感が溢れるし、知的にも見える。いつもよりも確実にキレイに見えるはず。

そんな白シャツも、最近では進化していて「洗いっぱなし、ノーアイロンOK」も出現。しかも立体縫製されているものを選べば、着るだけでサマになるものも多い。つまり雑誌などでよく言われる「こなれた着方」が必要ないので、実は忙しい大人にピッタリなのです。

大人の新定番 ニット

Vネックニットは ワンサイズ上を狙う

ラメなど光る素材が
入っていると
大人の優雅さが出る

jacket_H&M
top_UNIQLO
pants_UNIQLO
shoes_Daniella & GEMMA
bag_LOCONDO

ニットの中で
体が泳ぐくらい
の適度な緩みが

首の後ろに
程よいあき
がある

年を重ねると共に、丸首が似合わなくなると感じている人は多いはず。若い頃あんなに重宝したトレーナーやTシャツが、ものの見事に「体操服」に見えてしまう……これは残念です。でも、ニットでもカットソーでも、襟元をVにすれば、顔まわりは一段とキレイに見えます。小顔効果はもちろん、あいたデコルテがレフ板のかわりになって、肌をより美しく見せてくれます。選ぶコツは、デコルテが広めにあいているデザインを選ぶこと。Vのあきが狭いとレフ板効果が発揮されず「お医者さんの手術着」のように見えてしまうので注意。

大人の新定番 タートルネック

タートルネックは一枚でストンと着る

前が少し短くなっているタイプは脚が長く見える

お尻が隠れる長さ

タートルの部分が広めのものを選ぶ

ハイゲージがおすすめ

お腹まわりはゆったりした立体的なデザイン

タートルネックといえば、かつては「インナーとして着るもの」でした。でも今、大人体型がインナーに着るようなタイプのタートルを選んでしまうと、豊満な肉を強調してしまい、余計大きな印象に。だから大人体型のタートルは、身体のラインを拾わず、一枚で完結するデザインを選ぶこと。つまり、重ね着する必要がないもの。選び方のポイントは3つ。

①ネックが広めで余裕がある。
②素材が上質なもの。
③立体感があるもの。

この三拍子揃ったものを見つけたら、大活躍してくれること間違いなしです。

大人の新定番 ジーンズ

黒ジーンズは ロボコン体型の強い味方

ピタピタすぎない
程よく緩さの
あるもの
くるぶしに
かかるくらいの丈
jacket_UNIQLO
top_UNIQLO
pants_GU
shoes_H&M
bag_LOCONDO

色は黒か
グレーがベスト

トップスに
ボリュームを
持ってくる

ジーンズといえば「洗いざらしがお洒落」と考える大人世代。でも、ちょっと待って！　それをそのまま今にスライドすると、ただの「カジュアルおばさん」になってしまう危険性も……。そこで使えるのが「黒ジーンズ」。ブルージーンズよりも下半身がシャープに見え、しかも、どんなトップスにも合わせやすいメリットも。とはいえ、ピタピタのスキニーはNG。少し余裕があるストレートを選んで。素材は穿いていてラクなストレッチ。スタイルスナップメンバーも、黒とグレーなど、濃さを変えて2本は持ってヘビロテしています。

ワイドクロップトパンツは足元に軽やかさが出る

トップスとボトムスでボックス形のシルエットを目指すとスッキリ見える

くるぶしが見える程度の短め丈

ニットやストレッチツイルなど伸縮性のある素材

センタープレスがあるとさらに脚長効果が

top_GU
pants_DoCLASSE
shoes_Daniella & GEMMA
bag_MILOS
strap_WEGO

秋冬になると重宝するのがワイドクロップトパンツ。このアイテムのいいところは、ワイドパンツなので気になる脚のラインは隠しつつ、一番細い足首を見せることで軽さが出ること。特に身長が低い人は、フルレングスのワイドパンツを穿くと重くなりがちなので、こちらがおすすめ。

選ぶポイントは、太すぎず、短すぎないもの。素材はしわになりにくいポリエステルやニットなど。当然、ウエストはゴムでOKです。センタープレスが入っていると、さらなる脚長効果も期待できます。

大人の新定番 テーパードパンツ

テーパードパンツはストライプで細見えW効果

ヒールと
相性抜群
ピンストライプなど
さりげない縦ライン
でも細見え効果あり
top_UNIQLO
pants_UNIQLO
shoes_megumi ochi

「キレイに穿きたい」といったらこれに勝るものはなしのテーパードパンツ。裾にいくにつれてスッと細くなったデザインが、大人の脚をキレイに見せてくれます。

腰まわりにタックがあると、気になるお尻や太モモもカバーしてくれますが、タックの入り方によっては、お腹が余計目立つ場合もあるので、要注意。必ず試着をしましょう。ゆったりシルエットのニットやシャツと合わせると、スッキリキレイめカジュアルに仕上がります。

デザインはセンタープレスにストライプだと一層美脚効果が狙えます。

大人の新定番 ロングタイトスカート

ロングタイトスカートは丈が長いほどエレガント

ブーツとの
相性抜群
落ち感の
キレイな
シルエットを
選ぶ
shoes_FABIO RUSCONI

大人だからこそ似合うアイテムといったら間違いなくロングのタイトスカート。膝より5センチ以上下の丈で細身、いわゆるペンシルシルエット。

普段使いやすいのは、しわになりにくいツイードやニット、ジャージーなどの素材。そしてウエストはラクちんなゴム。穿いてみるとわかりますが、あまりの穿き心地のよさにびっくりするはず。大人体型代表の原田も初めて穿いた時は「むちゃエーわ」と超感動。それ以来、冬の定番になっています。

足元はブーツ。ショートでもロングでも大丈夫。中はタイツやレギンスで暖かくして。

大人の新定番 プリーツスカート

プリーツスカートは濃い色と光沢のある素材で大人に格上げ

トップスはコンパクトに
まとめても
オーバーサイズでも
どちらでもOK
プリーツが
縦ラインを
強調して
着やせ効果あり
お尻が隠れる
ほうが安心な人は
ビッグサイズの
ニットを合わせる

top_ADORE
skirt_H&M
shoes_Rakuten

若い頃に好きだったアイテムを大人になった今も着続けるのは難しいもの。けれどプリーツスカートは、大人になっても使える貴重なアイテム。プリーツの縦ラインで細く見えるし、ふわりふわりと揺れるさまが大人をエレガントに見せてくれます。

選び方のコツは2つ。

①濃い色で光沢があるものを選ぶこと。程よいテカリが上品さを醸し出します。

②ロング丈。膝下5～10センチぐらいがベスト。そのとき気をつけたいのは、ふくらはぎの一番太い部分の丈は避けること。脚が太く見えてしまいます。

大人の新定番 ワイドパンツ

とろみ**ワイドパンツ**なら脚のラインを隠しつつ「**脱・迫力系**」

ハイウエストならさらなる脚長効果が狙える
寒い日はタイツやヒートテックを仕込める
靴はフラットやスニーカーでも合う

top_OUVRAGE CLASSE
pants_OUVRAGE CLASSE
shoes_OUVRAGE CLASSE

スタイルスナップでおなじみの大人の新定番「ワイドパンツ」。年代を選ばず、穿けば一気に今風になるアイテム。このパンツのいいところは、とにかく脚のラインを拾わないこと。O脚・X脚・サリーちゃん脚でもなんでもOK！ 大人体型の強力な味方です。

素材はとろみのあるものを選べば、女性らしくエレガントな印象に。さらに最近流行のハイウエストなら、腰高10センチアップも夢じゃない!? ただ、あまりに太いと、スケバンか大岡越前になってしまう危険性も……太さには注意して。

大人の新定番 ロングコート

丈の長いコートで胸元にVラインを作る

Vラインを作れば
全体に軽やかに
見える
インナーは上下
同じ色にすると
コーデに迷わない
coat_RAZIEL
top_UNIQLO
pants_UNIQLO
shoes_Daniella & GEMMA
bag_H&M
長い丈のコートを
インパクトが出る
素材は
カシミアや
アンゴラなど
上質な
天然繊維を

冬の新定番といったらロングコート。おすすめは、写真のようなロング丈でしかもフード付きというタイプ。

まるで映画『ハリー・ポッター』に出てきそうなコート。何がいいかというと、第1章で説明した「ロングドレス作戦」が効いていること。全身が一枚の布で覆われるのでキレイに見える。着ていると「素敵ですね」と褒められる確率が高いです。さらに、フードがあるので首まわりに「V」ラインができてシャープな印象。ウエスト部分の紐を結べば、Aラインになって女性らしいシルエットが出来上がります。

長め丈&光沢感のある黒トレンチは超優秀

ロング丈を選んで「脱・OL さんトレンチ」
スカートにもパンツにも相性◎
ボタンは貝素材やマーブル模様だと上質感が出る
表面にうっすら光沢があるものがベスト
shoes_Daniella & GEMMA

ここ数年のトレンチコートブーム。実はあまりしっくりこないという人も多いかもしれません。というのも「カチッと仕事服になりすぎて自分らしくない」という読者の声を時々聞くためです。一方でトレンチは、一枚で抜群のお洒落さが出るアイテムだから、その便利さも譲れない。そんなトレンチの大人バージョンとしておすすめなのが「ロングの黒トレンチ」。普通のトレンチよりも丈が長いので、「棒シルエット」になって細見え間違いなし。しかも、黒なので引き締め効果抜群。さらに、中に着る服を選ばないと、いいところだらけなのです。

大人の新定番 ダウンコート

ダウンコートは胸元をVライン、全身をAラインにすれば着ぶくれしない

ダウンの縫い目が斜めに入っていて身体をほっそり見せる

coat_Rakuten
top_UNIQLO
pants_GU

程よくAラインになっていることが大事

スカートにもぴったりのミドル丈がエレガント

coat_select shop
one-piece_UNIQLO
bag_ZARA

冬に欠かせないダウンコート。暖かいし軽いしでこれに勝るコートってないんじゃない!?と誰もが認めるアイテム。けれど、大人体型が何も考えずに着ると、あっという間に着ぶくれてしまう危険なアイテムです。

そうならないために、デザイン選びが最重要。まず、一番気に留めたいのはフード。フードがあることで、小顔に見えるという効果が期待できます。だから、しっかりした立ちあがりのあるフードを選ぶこと。

そしてもう一つ大事なのが形。Aラインになっているものを選ぶことで、着た時に女性らしいシルエットが生まれます。

大人の新定番 ショートブーツ

スカートもパンツもさっと今の顔になるショートブーツ

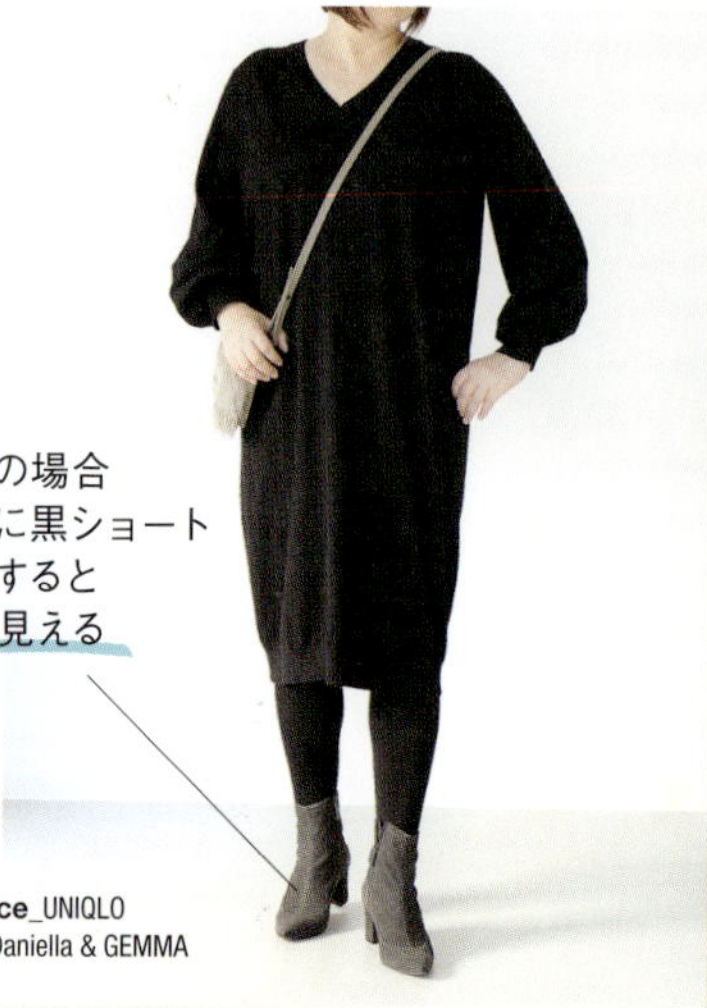

スカートの場合
黒タイツに黒ショート
ブーツにすると
脚が長く見える

one-piece_UNIQLO
shoes_Daniella & GEMMA

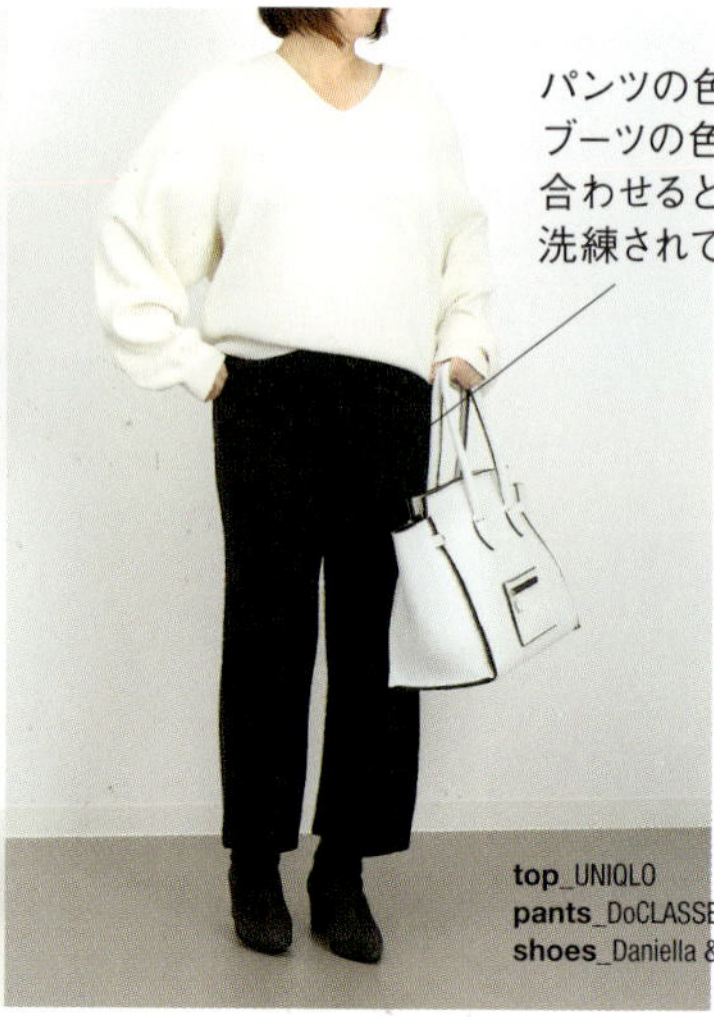

パンツの色と
ブーツの色を
合わせると
洗練されて見える

top_UNIQLO
pants_DoCLASSE
shoes_Daniella & GEMMA

ここ数年で冬の定番靴に躍り出ているショートブーツ。ヒール付きのエレガントなタイプからサイドゴアなどカジュアルなものまでデザインも豊富で、スカートにもパンツにも合わせやすい。しかもロングブーツのように、ふくらはぎがむくんでファスナーが上がらない!?という心配もいりません。

中でも使えるのは、太いヒールのチャンキータイプ。しっかりと地に足がつくので歩きやすいのが特徴。素材は本革かスウエードで。足先は尖っているほうがスッとした印象でカッコいいです。

大人の新定番 スニーカー

大人のスニーカーは スウェードかベロア素材で

ワイドパンツには
白スニーカーで
軽さを出す

大人の品が
出る素材は
ベロアや
スウェード

top_UNIQLO
pants_Drawing Numbers
shoes_adidas
stole_JOURNAL STANDARD
bag_SAVE MY BAG

ファー付きの
スニーカーは
コーデの
アクセント
になる

top_UNIQLO
pants_DoCLASSE
bag_LE VERNIS
shoes_Daniella & GEMMA

タイツと
スニーカーの
色を揃えて
脚長効果を狙う

setup_GU
bag_UNIQLO
shoes_GOLDEN GOOSE

すっかり浸透した大人のスニーカー。でも、学生が履くようなスポーツ度の高いメッシュやキャンバス地などは、気をつけないと大人にはカジュアルすぎてしまう危険性が……。

その不安を一気になくしてくれるのが、上質素材の革やベロアなど高級感のある素材。白やベージュを選べば、足元に軽さが出ます。汚れが気になるという人は、黒や紺といった濃い色で。メンバーの支持率が高いブランドは、アディダスやプーマ。最近はデザインが豊富なのでネットでレアものを見つけるのも楽しいです。

大人の新定番 フラットシューズ

シュッとした印象になる 先の尖ったフラットシューズ

素足で履くと脚が長く見える

top_UNIQLO
pants_UNIQLO
shoes_OUVRAGE CLASSE

シルバーやゴールドなどシャイニーな色にすると足元に軽さが出る

top_IÉNA
coat_Deuxième Classe
pants_STUNNING LURE
shoes_GU
bag_GOOD ROCK SPEED

大人の女性の普段履きといったら「フラットシューズ」。中でもフランスのダンスシューズブランド、レペットに代表されるバレエシューズは好きでよく履くという人も多いはず。

　大人が選ぶ場合、断然おすすめなのが先が尖ったタイプ。バレエシューズというと先が丸いものが一般的ですが、大人体型の場合、身体のシルエットが丸みを帯びているので、足元はシュッと引き締めたほうが全体のバランスがよくなります。

　色はシャイニーなシルバーやゴールドを選べば、足元に軽さが出ます。

COLUMN

#02

Bag

コーデの仕上げになる**バッグ**は**黒だけ**じゃだめ。**実用性**と**お洒落さ**の両方兼ね備えて

gloves_eggnog ／ **bag**_CHANEL

スタイルスナップの撮影をしていて、カギになるのがバッグの存在。コース料理でいったら最後のデザートのような感じで、コーデの別腹的な役割。最後のデザートがよければコース全体の満足度も高くなるように、バッグが素敵ならそれだけで何倍もコーデの印象がよくなります。

とはいえ、バッグはまずは実用性が大事。だから普段、メンバーはA4サイズが入る大きめのトートバッグをメインに持っています。そこにアクセントになる小さめのバッグをもう一つ用意し、時と場合によって使い分けをしています。

TEAM
style
snap
Presents
top_Deuxième Classe
skirt_Spick&Span
shoes_MICHEL VIVIEN
bag_STELLA McCARTNEY

第５章で紹介している「柄はボトムスへ」という新ルールを守ると、大胆なストライプ柄もすんなり馴染みます。この時、トップスは濃い色で引き締めるのをお忘れなく。

chapter

4

［第4章］

大人体型は要注意！「やってはいけない」NGコーデ集

「着ていてラクだから」「昔から好きだから」――そんな理由で何気なく選んだコーデで、いつも以上に太って見えたり、老けて見えたりしたらもったいない！　この章では、大人体型だけでなく大人世代の女性がやってしまいがちなNGコーデを集めました。時に「やりすぎ!?」な原田のビフォーですが、もしかしたらあなたにも心当たりがあるかも……？

あかん！

01

mistake
あるある

40歳を過ぎたらボーダーは細心の注意を払って選ぶ

before

Mサイズ入ったで。
まだまだやせとる

ショート丈で
コンパクトに
まとめてみたで。
お洒落やろ

ムチムチ

ポッコリ

張り切ってヒール
履いたで。どや！

［ side ］

［ front ］

M サイズが入ったって
喜んでいるけど、
ちょっと待って！

横から見ると、
お腹のラインが……（汗）

#01
after

Vネックで首元スッキリ
前からは脚長に見え、後ろはお尻がほどよく隠せる
首まわりに程よいあき
身頃にもゆとりあり
前から後ろにかけて丈が長くなっている

top_IÉNA ／**pants**_UNIQLO ／**shoes**_RANDA

ここ数年、定番として世代を問わず圧倒的に人気があるボーダー。その種類はTシャツやカットソーなど数多くあります。とても便利なのですが、何も考えずに目についたものを買った結果、「しっくりこない」「昔ほど似合わなくなった」という声を時々耳にします。

ボーダーとひとくくりにいっても、素材、デザイン、色、線の幅などさまざまな要素で成り立っているアイテム。自分の個性や体型と照らし合わせて最適なものを選びましょう。

大人体型の場合は、身体のラインを拾うものは絶対にNG。ゆとりのあるサイズ選びを心がけて。最近は身頃に余裕があるデザインがたくさん出ているのでおすすめです。

あかん！

02

まだ着ていたら**要注意！**
短めチュニック＋レギンスは卒業

mistake
流行遅れ

before

チュニックは
お尻とお腹が
隠れるから安心や

脚がキレイに
見えるやろ

まだまだ私も
イケとるで

20年前に流行った
この格好、
まだしてるの？？

便利なのはわかるけど、
そろそろ卒業したら？

#01 after

進化系チュニックは

top_COS ／shoes_Daniella & GEMMA ／bag_MILOS

#02 after

コクーンシルエットは
海外リゾートの
マダム風に

top_JOURNAL STANDARD relume ／shoes_MERCADAL ／bangle_IÉNA

20歳前後に体験した流行は、その後の人生にずっと影響を及ぼす……という話を聞いたことがあります。

その意味で、私たち大人世代が気をつけたいのは、かつて一世を風靡したチュニックとレギンスの組み合わせ。気になるお腹もお尻もフワッと隠してくれて、一枚でもサマになるという便利アイテム。

そろそろ卒業しなきゃとわかっていても、便利すぎてやめられない。そんな方に朗報です。実は最近、当時と似たコーデがリバイバル中。違いは、以前のチュニックよりも丈が断然長くなったということ。ほとんどワンピースといっていいほどのロング丈。そこに当時よりも長いフルレングスのレギンスを合わせます。これだけで今風になるのでぜひお試しあれ！

あかん！

03

大人がヨレヨレジーンズを穿くと一気に安っぽい印象になる

mistake

若作り

before

インナーは
シミーズと違うで。
アメリカの有名ショップで
買ったキャミソールや

ムチ

ムチ

少年みたいに
爽やかやろ

穴あきが
カッコええやろ

上下ジーンズって
やばくない？　懐かしの
「ブルージーンズ・メモリー」!?

お洒落というよりは、
やぶれてるだけ !?

#01
after

大人は濃い色の
ジーンズを選べば
間違いない

top_Ron Herman ／**pants**_CINOH ／**shoes**_NIKE
bag_ZAKKA-BOX

#02
after

程よい
ダメージはOK

ワンサイズ
大きいものを
選ぶぐらいの
気持ちで
ゆったりと穿いて

top_OUVRAGE CLASSE ／**pants**_UNIQLO ／**shoes**_OUVRAGE CLASSE（共に）

最近ジーンズが似合わなくなった気がする……そう感じている人はとても多いようです。その原因は「若い頃と変わらない基準」でジーンズを選んでいることにあるかもしれません。つまり昔からよく言われる「ジーンズは穿き古したものがお洒落」という「ダメージ至上主義」です。

このダメージジーンズ、若い肌にはとてもよく似合いますが、残念ながら大人には無理。経年劣化のお肌に同化してしまい、キレイに見せるのは大変難しい。

そこでおすすめなのは「濃い色ジーンズ」。ハードな加工がない深い紺色のもの。形は程よく緩みのあるストレート。これをふまえて選べば、スッキリとした印象になり細見え確実です。

あかん！

04

「ラクが一番！」は老化を加速させる

mistake

着太り

before

冬はハイネックが一番や。
首があったかいねん

ドーーン

ロング丈のダウンは
毎年重宝しとるで

ヴィトンのバッグは
30年近く使っとる。
ものは大切に
しなきゃあかん

靴は黒。汚れが
目立つ色はありえへん

ラクな服ばかり選んで、
お洒落を諦めてない？

ブラウジングを
たっぷりとって
うまく隠す

きちんと感が出やすい

top_GU ／skirt_UNIQLO ／shoes_FABIO RUSCONI
bag_MILOS ／strap_GU

袖はたくし上げて、
手首を
ちらっと見せる
先の尖った靴で
お洒落度 UP

top_UNIQLO ／pants_UNIQLO ／shoes_Daniella & GEMMA

パーソナルコーデをすると、年齢や体型はもちろん、個性や性格もさまざまな人に出会います。若い人とは違う、深みのある素敵な人ばかりです。

彼女たちの話を聞いていて気になるのは、大人になると「ラク」を最優先にして、ファッションに対して諦めの境地に入ってしまっていること。「お洒落なんて人ごと」「何着ても似合わない」「そもそもファッションは疲れるから苦手」と、キレイになる可能性と向き合わずに「ラクさ至上主義」で諦めてしまっている人が案外多いのです。

でも、大丈夫。ラクとキレイは両立します！　その例が、ブログで人気のビフォー&アフター。ラクな服でも、少しの工夫で、見え方は劇的に変わります。

あかん！

05

花柄はトップスにもってくると「ロマンティックおばさん」になりがち

mistake
おばちゃん認定

before

花柄ワンピが
可愛いやろ。
昔から大好きやねん

じゃあこれなら
どうや？

えーなんだか
顔と不釣り合い

若作りしすぎの
イタいおばさんみたい

#01
黒や紺の
引き締めカラーを
取り入れる
右ページの
ワンピースの
上に黒ニットを
合わせると
一気に
大人っぽくなる
花柄を着たい
場合は顔から
遠いボトムスで

top_UNIQLO ／**one-piece**_GU ／**shoes**_FABIO RUSCONI

#02
花柄スカートの場
合はハリや立体
感がある素材
のほうが
大人向き
大きな柄なら
より大人の
雰囲気が出やすい

jacket_MUVEIL ／**top**_DOUBLE STANDARD CLOTHING ／**skirt**_ZARA
shoes_Daniella & GEMMA ／**bag**_sita parantica

若い頃からの好みもあって、ついつい手にしてしまうのが花柄。いつの時代も可愛らしく、女性にとっての永遠の憧れ。個人的にも大好きな柄です。

でも、ちょっと待って！花柄は、年齢に合わせてコーデをバージョンアップしないと、イタい「ロマンティックおばさん」になってしまう危険性大。

そうならないためには、顔に近いトップスには花柄をもってこないほうが無難。

とかく50代以上の人は「トップスに総柄、ボトムスには合わせやすい無地」と信じる傾向がありますが、花柄の場合は逆。つまり「トップス無地・ボトムス花柄」にするように心がけて。たったこれだけですが、花柄が一気に大人バージョンに進化しますよ。

あかん！

06

首まわりがつまったトップスは
デコルテのレフ板効果が使えずもったいない

mistake
着太り

before

冬はやっぱり
タートルや
昔は「とっくり」って
呼んでたんや
ズドーン

**全体的にズドーン
とした印象!?**

#01 after

ほんの少しデコルテが見える
だけでスッキリ感が出る

top_SUPERIOR CLOSET ／**pants**_SUPERIOR CLOSET
shoes_plane people

#02 after

Vラインが顔を小さく見せ
全体の印象を
シャープに
してくれる
膨張して太って
見えがちなダウン
も首まわりを
すっきりさせれば
大人もキレイに
着られる

one-piece_UNIQLO ／**vest**_GU ／**shoes**_RANDA

第1章の「首まわりV作戦」でもお伝えしたとおり、**大人のキレイを作るには「デコルテ」の存在が不可欠。**首まわりがVになっていたり、ボートネックだったりすることで、デコルテが天然のレフ板となり、肌を一段明るくしてくれるからです。

90年代、一世を風靡した美白の女王・鈴木その子さん。彼女がテレビに登場する際には必ず下から煌々とライトが照らされていましたよね。それと同じ効果がデコルテを出すことで生まれます。

だから、ハイネックやタートルなど首まわりがつまったトップスはもったいない。大人体型は極力避けるべきです。もちろん、冬は寒いので、屋外ではストールなどでしっかり防寒してくださいね。

あかん！

07

普通のTシャツは、くたびれた感が出てしまう

mistake
あるある

before

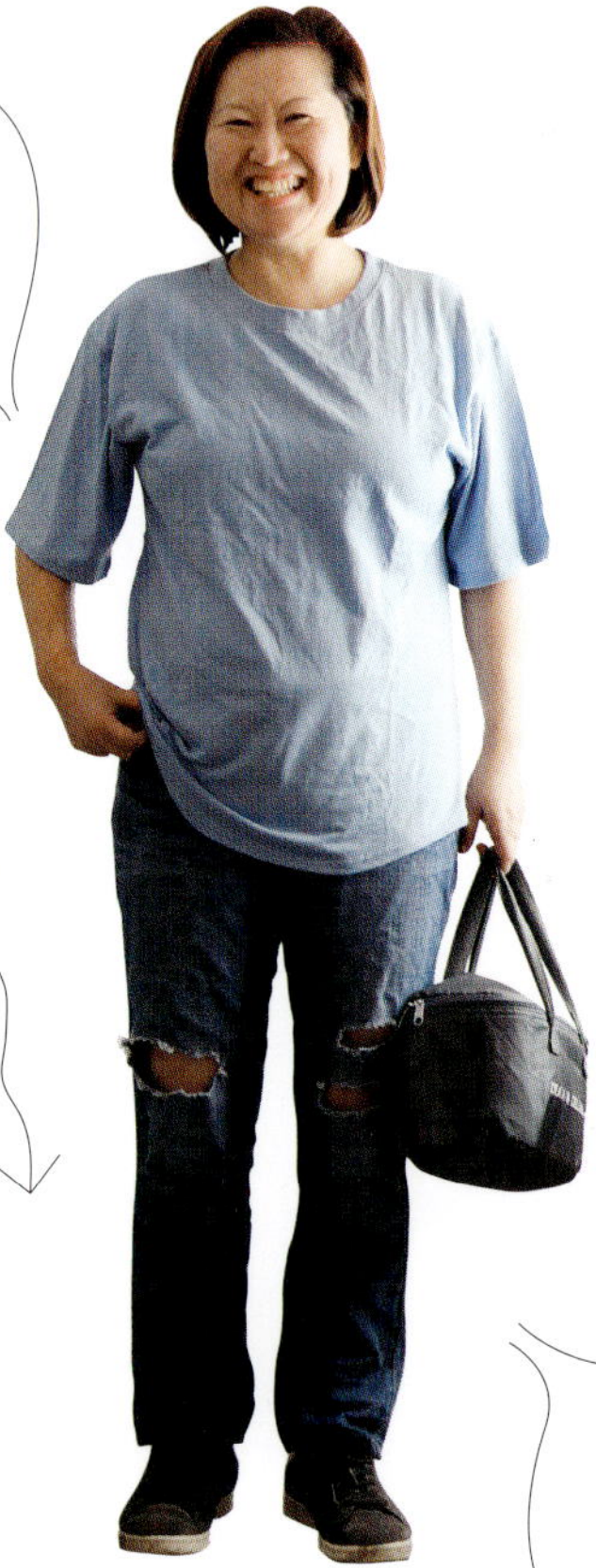

ブルーの
Tシャツ
爽やかやろ

ズルズル〜

流行の
ダメージジーンズに
合わせてみたで

全体的にヨレッとしてる？

若い子なら似合うけれど、
大人には辛いかも……

#01
after
襟ぐりが広めの
Tシャツを
セレクトすると
首が長く見える
身頃には
「程よい」
緩みが必要

top_Right-on ／pants_JOURNAL STANDARD ／bag_RAZIEL

#02
after
胸元のフリルで
視線を上に誘導

top_BANANA REPUBLIC ／pants_UNIQLO（共に）／shoes_GUCCI（左）
TORY BURCH（右）

何も考えずに選ぶと、着た途端「体操着」になってしまうのが「大人のTシャツ事情」。

でも、大丈夫！ しっかり選べば大人に似合うTシャツは必ずあります。選ぶコツは5点。

①黒や紺といった引き締めカラー。

②首まわりは広めを選んでレフ板効果を発揮させる。

③柄やロゴ、フリルなどで視線を上に誘導して。

④二の腕が隠れるもの。二の腕が強調されやすい、肩ギリギリのフレンチスリーブはNG。

⑤お腹やお尻が適度に隠れる丈。ズルズル長い丈はだらしなく見えるので注意。

以上5点に気をつければ、体操着にならないTシャツがきっと見つけられますよ。

あかん！

08

ゆったり＋ゆったりは後ろ姿がドラム缶化しやすい

mistake
おばちゃん認定

before

お腹まわりもお尻も
気になるから
ふわっと女性らしく
隠さなきゃあかん

ズドーン

[front]

[back]

ゆったりした
スカートが
なんてたって
無難や

後ろ姿がおばさん
シルエット

今日は保護者会 !?

#01
after
あえて大きな袖を
選ぶことで
そこから出る手が
ほっそり見える
効果あり
少し裾を
ロールアップして
足首を見せると全体が
引き締まって見える

#02
after
ジレの下から
ちらっと見える
細い脚が
「細い人」という
印象を作る

（右）**top**_JOURNAL STANDARD ／**pants**_UNIQLO ／**shoes**_ZAKKA-BOX
（左）**top**_H&M ／**vest**_BANANA REPUBLIC ／**shoes**_H&M

街ですれ違う女性のコーデで一番多く目にするのがこの「ゆったり＋ゆったり」のコーデ。気になる体型を隠すメリットがあるように感じますが、上下ともにゆったりだと、かえって太く見えるという難点があります。

この場合、人は見えている部分で全体の輪郭を想像するので、細い部分を見せることで、身体全体がほっそり見えるという効果を狙いましょう。これは心理学的な「アモーダル補完」という作用です。

右上の写真もあえて大きな袖を選ぶことで手が細く見えるというテクです。左はジレを選ぶことで棒ラインを作り、そこからちらっと見える脚で全体がほっそりしていると想像させています。

あかん！

09

フリフリは大人には甘くなりすぎる

mistake

やりすぎ

before

フリフリには
いくつになっても
心惹かれるで

ピンクのショール
が素敵やろ

今日は
ディナーショーに
行くんや

**大人体型にフリルやレースは
取り扱い要注意！**

**ブリブリすぎると、
素敵に見えないよ**

#02
after
白黒モノトーンなら
全身ギンガムチェックでも
大人っぽく仕上がる
#01
after
ネイビーや黒を選ぶと
さりげなく大人の
可愛さが出る
袖口から
チェックの
シャツを出すと
お洒落な
印象に

one-piece_RAZIEL ／**shoes**_ZARA

top_UNIQLO ／**cardigan**_UNIQLO ／**pants**_net price
shoes_AmiAmi ／**bag**_PotioR

「可愛い！」と、ついつい手が出てしまうフリフリのブラウス。でも手に取る前にちょっと冷静に。素材がタフタやシルクシャンタンなど高級感があるものならOKですが、プチプラのぺらぺらの布地は大人には不向き。安っぽい印象になってしまいますし、上半身にボリュームが出て、余計太って見えてしまいます。

こんな時、**簡単にリーズナブルに「可愛い」印象を出したいなら、ギンガムチェックが意外と便利。**

シャツにしてもパンツにしてもユニクロなどから毎シーズン色々なデザインが出ています。程よい大人の可愛さが醸し出されるので、これまであまり馴染みがなかったという人も、ぜひ一度試してみてください。

あかん！

10

中途半端な丈のカーディガンはもっさりした印象になる

mistake
あるある

before

つい無難な
グレーを
選んでしまうわ

[back]　[front]

体型カバーのつもりが、
余計もっさりして見える !?

#01
after

思い切って長めを
選ぶべし。
そのほうが簡単に
お洒落に見える

#02
after

引き締めカラーを
選べばさらにほっそり
して見える

(右) **top**_CINOH /**pants**_LEVI'S /**bag**_Willow Bay /**shoes**_AQUAZZURA
(左) **top**_UNIQLO /**cardigan**_UNITED ARROWS /**pants**_UNITED ARROWS /**shoes**_Daniella & GEMMA /**bag**_RAZIEL

これを着ると一気に5歳は老け込むという抜群の殺傷能力!?を持っているのが、中途半端丈のカーディガン。実は右ページのカーディガンは、ここだけでなく他のビフォーコーデにも登場するという常連アイテム。丈はお尻のちょっと下で気になる部分を隠してくれるタイプ。なので、ついつい女性の味方だと勘違いしてしまいがち。しかし、とにかくこれを着ると、どうがんばってもずん胴おばちゃんになってしまうという恐ろしいアイテムなのです。

こうならないためには、**ロングカーディガンはしっかり丈の長いものを選ぶこと**。具体的には膝下10センチぐらい。長ければ長いほどほっそり見えます。ロングタイプのシャツワンピでも応用できます。

＼あかん！／

11

膝上のタイトスカートはアウトと心得るべし

mistake
おばちゃん認定

before

結構、脚細いやろ。
密かに自慢するために
出しとるんや

デーン

後ろにスリット
入っとるとこが
ポイントや

いくら脚がキレイでも、
大人の膝出しはイタい！

#02
after
布地はハリ感の
あるものを選べば
ムチムチ感が出ない

top_Plage ／**skirt**_Plage ／**shoes**_FABIO RUSCONI

#01
after
ハイウエストを
選ぶと脚が
長く見える
丈は膝下～
くるぶしの
間を選ぶ

top_ESTNATION ／**skirt**_emmi
bag_JOURNAL STANDARD ／**shoes**_GU

次の第5章で「イタい」の共通項をお伝えしていますが、まさにこの膝上タイトスカートは大人が穿くと「イタい」代表格。どんなに脚がキレイな女性でも、膝を出して素敵になるのはせいぜい30代まで。それ以上の年齢にとって、膝出しはかなり厳しいのが現実です。

そこで大人ならではの丈としておすすめなのが、下半身をスッキリ見せてくれる、膝下からくるぶしの間の丈のタイトスカート。最近のスナップでも、これでもか！というぐらいに多く登場しています。

フェイクレザーやツイードのようなしっかりした素材感のものを選べば、ぐっとお洒落に見えます。デザインはハイウエストだと脚が長く見えます。

COLUMN

#03

Hair

「ヘアスタイルは世代が出る。だからきちんと〝今〟にシフトチェンジして」

スタイルスナップを毎日お届けしていて感じるのは、その人が素敵かどうかを判断するのは洋服ではなく、50%ぐらいはヘアスタイルによるということ。どんなに素敵な洋服を着ていても髪が昔のスタイルだと、それだけでアウト！　特に大人にとって必要なのは、慣れ親しんだ時代のヘアスタイルをそのまま続けていないか、客観的にチェックすること。「聖子ちゃんカット」「ワンレン」「ソバージュ」等がそれです。私は大丈夫！と思っていても、街を見渡すと、昔のヘアスタイルのまま歩いている人が多いものです。自分のヘアスタイルとしっかり向き合って、今時にアップデートしましょう。時々ヘアサロンを変えるなどして、「今」を表現できるヘアスタイルを選んでください。

LE VERNIS
CHANEL

TEAM style snap Presents

combinaison_ZARA
bag_Rick & Roy
shoes_ZARA

1枚でお洒落な人になれるオールインワンは、大人のコーデには欠かせません。黒や紺は多く出回っているので、気分に合わせて季節の色や流行色に挑戦してみては。

chapter

5

［第5章］

大人体型の「あるある」お悩み解決！ビフォー＆アフター

毎日多くの人が訪れてくれるスタイルスナップには、読者からのお悩みも数多く寄せられます。普段はなかなかひとつひとつのお悩みにお答えすることはできませんが、この章ではよくあるお悩みを集めました。みなさんの毎日のお悩みが少しでも軽くなりますように──。

お悩み #01

全体的に「丸い！」印象を どうにかしたい

mistake
着太り

before

バルーンワンピ
可愛いやろ

ファーボレロで
お洒落感アップ
狙ったで

バーン

コロンコロンと
音がしそう⁉
お洒落したはずなのに、
微妙……

みんなの
お悩み

Comment

あるある 01　ふとショーウインドウに映った自分の横からの姿に愕然！

あるある 02　太ったことで、胸とお腹まわりがどこから見ても楕円形

あるある 03　ゆったり系のシャツを着ると落下傘みたいになってしまいます

手っ取り早く棒ラインを
作るジレは色違いで
持っていても便利
中は上下の色を
統一すると
よりスッキリ見える
top_MADISONBLUE
vest_Deuxième Classe
pants_APSTUDIO
bag_RAZIEL
shoes_Pretty Ballerinas
bangle_H/standard

直線ラインで
着やせ効果を
高める
アクセントの
ボーダーで
視線を
集中させて
top_Deuxième Classe
vest_Deuxième Classe
pants_PLST
bag_Deuxième Classe
fur_KARL DONOGHUE
shoes_FABIO RUSCONI

after

ロングジレは羽織るだけで スッキリ縦長の印象になる

大人になると体型が変化するため、何もしていないとどうしても「丸っこい」印象になってしまいます。そんな時は、第1章で紹介した作戦「棒ライン」がおすすめ。なかでも、最近注目のジレを選ぶと簡単。ジレというのはフランス語でベストのようなものを指します。ロングカーディガンと同様、羽織るだけで縦ラインが強調され、全体的にスッキリした印象になるのが特徴。しかも、私たちが若い頃には流行らなかったデザインなので、大人がこれを着ると一気に今風になります。ゆったりサイズが主流なので、大人体型でも普通のブランドのフリーサイズで十分対応できます。パーソナルコーデをした人はみんな、この1アイテムを投入するだけで抜群にカッコよくなっていました。

お悩み #02

横から見た姿が**ずんぐり**。まるで**樽**みたい!?

mistake
おばちゃん認定

before

ずんぐりむっくりに
見えるって？

誰もこんな
おばちゃん見とらん！
着たいもの
着ればいいんや

どーん

首から背中にかけての
この丸み。どう見ても
おばちゃん感満載

みんなの
お悩み

Comment

あるある 01 体重は増えていないのに、背中にたっぷりとぜい肉が！

あるある 02 お腹まわりが一年で３センチずつ増殖中

この緩みが
気になる背中を
女性らしさに
変える
身頃にも
ゆとりのある
デザインを選ぶ

top_UNIQLO
pants_net price
shoes_AmiAmi

自然な肌見せで
ほんの少し
セクシーさが出る

top_UNIQLO
pants_ZARA
bag_JOURNAL STANDARD
shoes_select shop

after

襟を抜くと、丸い背中が「女らしさ」に変わる

気になる上半身を見事にカバーしてくれるのが、年々進化しているニット。着るだけで襟が抜けるようになっているすぐれもので、身頃もゆったりできているのです。身頃に幅があることで全体のシルエットにゆとりが出て、ニットの中で身体が泳いでいるような、女性らしい印象になります。

余談ですが、世界共通で女性が憧れるのは服や髪が風になびくエアリーさ。女性誌の表紙モデルには風が当たり爽やかなカットになっていることがよくあります。

そのエアリーさが簡単にできあがるようになっているのが今のニット。流行のシルエットだからと躊躇せず、一度試してみる価値ありです。

お悩み #03

いくつになっても、甘めの服が着たい！

mistake
やりすぎ

before

どや？
少女のようやろ

ムチ

ムチ

昔から
可愛い系の
服が好きやねん

顔と服の印象が
チグハグ !?

みんなの
お悩み

Comment

あるある 01 コンサバ系のファッションが全く似合わなくなってしまいました

あるある 02 昔好きだったフレアースカート。
今着ると年取った白雪姫のようでギョッとする

あるある 03 背が低いので、クール系が似合わない

立体シルエットに
なった進化系
カットソーは
女性らしい
デザインが
多い
top_BELLE MAISON
pants_DoCLASSE
shoes_Daniella & GEMMA
bag_COACH

可愛いものが
着たくなったら
袖だけ
盛ること
top_
BARNYARDSTORM
pants_UNIQLO
shoes_H&M

after

大人の「可愛い」は 色・デザイン・素材の3要素で1点まで

いくつになっても大好きな「可愛い」もの。若い頃はいいのですが、大人にはちょっと辛い。年季が入った顔も、ふくよかな体型も、「可愛い」についていくのが難しくなっていくからです。そこで実行したいのは、「可愛い」から「かっこいい」印象にシフトすること。大人体型代表原田のアフターコーデの場合、「可愛い」に落ち着かせることは絶対にありません。スカートよりもパンツを選ぶ。淡いパステルよりも濃いめの色を選ぶ。

どうしても「可愛い」が好きな人は、小物やトップスなど、1点を可愛くするのがベスト。具体的には「色・デザイン・素材」の3要素で分けて1点だけ可愛くするのがコツ。この抑えたチョイスだけでも、大人のキュートさは十分に出せますよ。

お悩み #04

肌色がくすんで老けて見える

before

mistake
おばちゃん認定

今日は歌舞伎を
見に行くんや

ズルズル〜

しっとり
落ち着いた
コーデに
してみたで

えっ、10 歳ぐらい
老けて見える !?

みんなの
お悩み

Comment

あるある 01 昔はピンクは肌がキレイに見える色だったけれど、
今着ると余計に顔が老けてしまう

あるある 02 黒っぽい色を着れば老けて見える。
かといって明るい色を着ると浮いてしまう

あるある 03 肌色がくすんでファンデの色を変え、
似合う服の色も変わってしまいました

一見派手に見える
太ストライプも
深い赤なら
意外にしっくり
top_ZARA

華やかで
力強い色の
赤が似合うのは
大人の女性の
特権
top_ur's
skirt_IÉNA
bag_STELLA McCARTNEY
shoes_PELLICO

トップスに
赤を取り入れると
パッと明るい
印象になる
top_GU

after

大人のボルドー&赤は血色アップの救世主

大人の肌をくすませる代表格といったらカーキ色と濃いグレー。誰でも経験があると思いますが、この2色をトップスにもってくると、笑っちゃうぐらいに老け込んだ感じに。5歳は老け込むので、スタイルスナップのメンバーとも「この2色は難しいよね」という話をよくしています。

一方、大人の肌を明るくする色はボルドーや赤。毎日、大人のスナップ写真を撮り続けたからこそわかったのがこれ。一見、派手に感じるので、手に取りにくいのですが、その効果は抜群。色が濃いので柔らかい陰影がつき、それがかえって大人度をアップ。トップスにしても、ボトムスにしてもグッと洗練された優美さが出ます。

お悩み #05

足元が寒くて足首が出せない

mistake
流行遅れ

before

手首、足首見せると
細く見えるんやろ

ムチ

ムチ

でも本当は寒くて
嫌やねん

頑張って脚を出しているのが
かえって痛々しい!?

みんなの
お悩み

Comment

あるある 01　とにかく寒がりなので素足にヒールなんて
真夏でないとできません

あるある 02　冷えは女の大敵です！

あるある 03　お洒落は我慢!?　若い頃ならできても、大人は無理！

光沢のある
グリーンの
プリーツ
スカートは
しっかりロング丈
top_Douxième Class
skirt_ZARA
shoes_Re:EDIT
bag_JOURNAL STANDARD

ブーツが
隠れるくらいの
スカート丈を
選ぶ
黒タイツ＋
ショートブーツ
setup_IÉNA
shoes_Daniella & GEMMA

after

ロング丈のスカートを選んで しっかりヒートテックを着込む

「お洒落な三首出し」が注目されて早数年。でも正直なところ、大人が寒い季節に足首を出すのはかなりキビシイ。

　実際、スタイルスナップのメンバーも冬に足首を出している人はいません。むしろ、スカートでもパンツでも中にヒートテックやタイツをしっかり仕込んで〝暖とり〟を優先しています。真冬には2枚穿きしたりも。最近は、マキシ丈スカートが流行っているので、わざわざヒートテックを穿くためにこの丈を選ぶメンバーもいるほど。

　靴はブーツかスニーカー。靴とタイツの色をつなげればコーデに困ることもないし、脚長効果も期待できます。

お悩み #06

ヒールは**大嫌い**。
ヒールを履いている人が信じられない！

mistake
おばちゃん認定

before

ヒールなんて
大嫌いや。
足痛くなるやろ

ズーン

でも若い頃は
よく履いたわ

近所に買い物 !?

みんなの
お悩み

Comment

あるある 01　外反母趾のためヒールが履けません

あるある 02　普通の主婦なのでヒールは普段履きません

あるある 03　10センチヒールなんてもってのほか！

MICKEY MOUSE
黒タイツに黒靴を
合わせれば
脚がスラッと
長く見える
top_UNIQLO
skirt_GU
shoes_GOLDEN GOOSE

ワイドパンツに
合わせて
颯爽とした
印象に
白いスニーカーは
軽さが出る
top_UNIQLO
pants_GU
bag_JOURNAL STANDARD
shoes_nano・universe

after

足の形も大人になれば変わるもの。歩きにくいヒールは日常には不向き

女性の足を研究し続けている大手通販会社によると「女性の足は年齢と共に変化するもの。特に足の裏の土踏まずがなくなってくるので、ヒールが履けなくなるというのは自然なこと」だそう。だから、多くの人が感じている「ヒールが苦手」という意識はしごく当然なのです。

そんなお悩みに応えるべく増えてきたのが、街でも履けるスニーカー。昔はスニーカーといえば、運動用。でも今は、お洒落なタウン用に進化しています。素材も革やベロアなどを選べば大人っぽい雰囲気になります。その場合、コーデはTシャツとデニムなどだとカジュアルすぎるので、ワイドパンツやタイトスカートなどを合わせて、あくまでもエレガンスに徹するのがコツです。

お悩み #07

首元が寒くて、スッキリ見せられない

mistake
やりすぎ

before

ベレー帽は
意外に暖かいで

ドーン

やっぱり暖とりは
タートルネックに
ファーが一番や

いくら寒いからって、
やりすぎ!?

熊かと思った!

みんなの
お悩み

Comment

あるある 01 冷え性なので首や足首は出せません

あるある 02 流行の三首出しをやると、もれなく風邪を引きます（笑）

あるある 03 首まわりが暖かくて、スッキリ見えるコーデが知りたい

これは NG
ちなみにこれは
猪木になるのでNG

大きめのサイズで2回巻いて結び、
結び目を肩のほうにずらすと
簡単にお洒落な印象に
白などの
明るい色を
選ぶのがコツ
top_Deuxième Classe
pants_Deuxième Classe
shoes_Sergio Rossi
stole_Rakuten
top_UNIQLO
pants_UNIQLO
shoes_Daniella & GEMMA
stole_Matti Tottie

after

ストールは明るい色を選ぶと顔映りがよくなる

お悩み#05の足元同様、こちらも「三首出し」が注目されたことで、新たに生まれた現代の悩み。デコルテを出すとキレイに見えるといわれても、「寒いし、ありえない！」という意見に賛成です。

ではどうしたらいいかというと、こういう時こそ、お洒落を格上げしてくれるストールやマフラーを利用するべき。暖かい部屋ではキレイに見えるVネックのトップス一枚で、外に出る時はしっかりストールでカバー。颯爽と首に巻き物をして、歩く度にそれが揺れるなんて、女優みたいでカッコイイです。

しかもストールはデザインも色も豊富。トップスを増やすよりも周りの人には「小物使いの上手いお洒落な人」という印象になります。

お悩み #08

周りから「浮いてる」と思われたくない

mistake
あるある

before

自由が丘は
お洒落マダムが
多いけど同じカッコを
地元でしてたら浮くで

ズドーン

だからこういう
無難なのが一番や

無難というよりは、
気を使っていない感じ……

みんなの
お悩み

Comment

あるある 01 **周りから浮いているのでは？と自信が持てません**

あるある 02 **住んでいる地域が地方なので**
お洒落ブログで紹介しているスタイルは浮いてしまう

あるある 03 **子供が小さいので PTA でも浮かない格好が知りたい**

紺と白で
まとめれば季節や
年齢を問わず
いい感じになる
top_H&M
cardigan_'PalinkA
pants_ZARA
bag_JOURNAL STANDARD

第一印象で
一番目に
留まるのは
デザインや
体型ではなく色
top_UNIQLO
skirt_select shop
shoes_Daniella & GEMMA
stole_matti totti

after

紺と白をうまく使えば、簡単に好印象を与えられる

読者からのコメントの中で、意外に多いのがこの「浮きたくない問題」。まさに和を尊ぶ日本人ならではの発想。しかも社会性を表すのに重要なファッションだからこその悩み。よくわかります。確かに、オフィスにしてもＰＴＡにしてもその場にふさわしいスタイルというのは常に存在します。

そこで提案したいのは、「紺色」のマジックを使うこと。昔から多くの制服で使われているとおり、清潔感があって誰からも好かれる定番の色です。紺と白でまとめれば、どんな場面でも浮かずに好印象間違いなし。

ちなみに、スタイルスナップも、原田のコーデはその効果を利用して紺が多いのです。ということで、迷ったら紺マジック！です。

お悩み #09

若作りしてるって思われたくない

mistake
若作り

before

これならどうや、
フワフワで
可愛いやろ

どや、若いやろ。
20代と間違われるわ

じゃあこっちなら
どうや！
トレンド感満載や

うわっ
若作りして痛々しい……

みんなの
お悩み

Comment

あるある 01　流行りのどこからがイタくて、どこからが若々しいのかわからない

あるある 02　若くは見られたいけど、若作りしているようには見られたくない

あるある 03　最近は服を買う基準が「イタいかイタくないか」になりました（涙）

明るい色や柄も
ボトムスなら安心
jacket_BARNYARDSTORM
top_Deuxième Classe
skirt_ELENDEEK
bag_FRAYI.D
shoes_nano・universe

トップスは
大人色で
柄物はボトムスに
もってくるほうが
若々しく見える
top_UNIQLO
pants_GALLARDAGALANTE
bag_nano・universe
shoes_FABIO RUSCONI

after

若々しさはボトムスで取り入れるとうまくいく

街を歩いていると「イタい」女性を時々見かけます。バブル時代のボディコンルックをしていたり、厚底靴を履いていたり……パターンは色々ですが、なんとも目のやり場に困ってしまいます。その「イタい」ですが、どうやら共通項があるよう。まず1つめは「脚を出しすぎ」の確率が高いということ。少し前に事件の容疑者である60代の女性が30代と偽っていたというニュースがありましたが、ショートパンツでテレビカメラに映った彼女は、どう見てもイタい感じでした。次に上下フワフワでパステルといった乙女チックな服装。本人が好きな気持ちはわかりますが、大人には厳しい。大人が若々しさを出すなら、トップスには引き締めカラーで、トレンドはボトムスで取り入れるのがベターです。

お悩み #10

昔の服が似合わない

mistake
流行遅れ

before

作りがしっかりしているから、捨てられないんや

バブル時代のコートは今でも大切にしまっとる

今とはシルエットが違うから、そのまま着るのは無理じゃない？

みんなの
お悩み
Comment

あるある 01 やせたら昔の服も着られるかも？とずっと大事にしまっており、断捨離もできない

あるある 02 昔の肩パッド入りのジャケットやコート。高かったので捨てるに捨てられない

あるある 03 当時の服で当時流行っていた着方を今もしてしまう。そのほうが安心するので……

エルメスのベストは
30年もの。
当時とは着方を
変えてデニムと
合わせて
long shirt_RAZIEL
vest_HERMÈS
pants_JOURNAL STANDARD
shoes_Daniella & GEMMA

ヴィンテージショップで
発見したコート。
濃い色デニムと
合わせて今風に
coat_vintage
pants_ZARA
bag_ZAKKA-BOX
shoes_ZARA

after

昔のよい服も スタイリング次第で蘇る

今思い出しても80年代、90年代の服は素材から縫製まで見事でした。それもあって、なかなか処分できない人は多いはず。「いつか着られるかも」「やせたら着られるはず」など……。でも、残念ながらその「いつか」がやってくることはないと思ったほうがいいでしょう。理由は洋服そのものの「シルエット」が変化するからです。

だから「昔の服が似合わない。私が太ったから!?」と嘆く必要は一切ありません。変わったのは、あなたでなく洋服のデザインのほうです。無理してとっておく必要はありません。

それでもどうしても昔の服を着たい方は、デニムと合わせるなど、カジュアルに着ること。よい服を生かすのはスタイリング次第。ぜひ工夫してみてください。

COLUMN

#04

Party

「大人だからこそ、パーティには**冒険心**を。**ドレスコード**を作って**非日常**の時間を楽しんで」

数年に一度。メンバーが所属する日本フォトスタイリングアソシエイションで行われているランチパーティ。普段、仕事や家事で忙しい全国のメンバーが一堂に集まる貴重な機会。毎回、簡単なドレスコードがあって、そのために数ヵ月前から洋服を選ぶのも楽しい時間。写真のパーティ時のドレスコードは「大人セクシー」。「えー絶対に無理！」という全国からのブーイング!? を受けながらも（笑）、「いつもと違う非日常を味わって欲しい」というちょっとした遊び心でみなさんの冒険心をプッシュ。

当日は普通の女性たちが全国から集まって、コンサバとほんの少しだけのセクシーさを共存させたブラックドレスが多数でした。こうなると、一番セクシー!? だったのはミニスカートで登場の事務局原田の「ブルゾンようこ」かな!?

ブルゾン
ようこやで！

「いくつになっても女性がずっと輝き続けられる社会」を創りたい

毎日アップするブログの中で、私たちが目標としていることはただ一つ。「いくつになっても女性がずっと輝き続けられる社会」を創りたいということ。

今回、この本を作るにあたって、過去5年間分の写真に目を通しました。久しぶりに見る5年前のみんな。普通なら「若い！」「あの頃に戻りたい」と感じるはずですが、まったくそうではなく、びっくりするぐらい老けて見えました（笑）。年齢は重ねたけれど、みんな、今のほうがずっと若々しいのです。これは、毎日ブログに訪れてくださる読者のみなさんのおかげです。**この5年間、読者のお役に立てたらと「大人がキレイに見える方法」を探し続けてきた結果、本来なら年相応に老け込むはずが、そうはならなかったのです**。スタイルスナップの恩恵を最も受けたのは、実は当の私たちだったのかもしれません。

中でも「大人体型代表」事務局原田は本当にキレイになったと思います。身体を張ってビフォーに挑み、次のアフター写真では変化を前面に出す。その違いを一瞬でポージングし分ける原田はたいしたものです。その努力もあり全国の女性たちから原田への温かい激励が多く寄せられました。みなさん一人一人のメッセージが彼女の力になったことは間違いありません。ありがとうございました。

最後になりましたが、「リアルな大人体型の代表者として絶対いい本にします」と先頭を切ってくださった編集者の榎本明日香さん。そのしっかりした視点がなければ本はまとまらなかったと思います。そして、「お洒落で可愛げのある新しい〝おばちゃん像〟を創りたい」と一緒にがんばってくださったデザイナーの加藤京子さん、我妻美幸さん、本当にありがとうございました。

多くの人にこの本がお役に立つことを願いながら
両手一杯の幸せがシャワーのように降り注ぎますように

２０１８年初秋
（株）フォトスタイリングジャパン代表
服飾戦略スタイリスト　窪田千紘

窪田千紘　くぼた・ちひろ

服飾戦略スタイリスト。2018年ミス・ユニバース・ジャパン東京大会ビューティーキャンプ講師。米国の大学を卒業後、広告代理店でデザイン関連のディレクターを務める。これまで感性やセンスの分野だと考えられていた撮影関連のスタイリングを日本で初めて法則化した『フォトスタイリング』を提案。2010年（社）日本フォトスタイリングアソシエイション設立。全国のべ１万人以上に美しく魅力的なフォトスタイリングを提唱している。ブログ「STYLE SNAP 大人世代の普段着リアルクローズ」は40代以上の女性たちから絶大な人気で、紹介するアイテムは完売続出。中でも大人体型代表、事務局原田のビフォー＆アフターは大人世代の悩みをそのまま体現しているとファン多数。プロデュースするWEB媒体は月間600万PV、アメーバフォロワー23万7000人。著書多数。https://ameblo.jp/jphotostyling/

Special Thanks

ブログにたくさんの応援コメントを頂きました。
ほんの一部ですが、ご紹介します。ありがとうございます！

nyanyaco3545さん、ママ缶さん、puさん、Sさん、まめさん、ゆうこさん、assaさん、chocottoさん、ぶらぼさん、yukiko-1726さん、emmangoさん、ふぶきさん、ukikoaddさん、tamacon6002さん、まつかあさん、みーさんさん、なっちさん、うさみみさん、おみかんさん、たい焼きさん、audreyさん、Manmaさん、ぷひひさん、ｙｋさん、makiさん、タラコさん、megoonさん、harlockさん、あいママさん、おこめさん、macoさん、菊栄さん、navi-717さん、光野雫さん、堤防さん、ゆかっぺさん、古尾りか子さん、0405さん、yuukiさん、りんごさん、minasaboさん、2618234akiraさん、kororonnmamaさん、かっこ♪ラブラドール三姉妹のかあちゃんさん、Blueデイジーさん、めろでぃ♪さん、beniさん、きょんさん、おさるファミリーさん、ちょこぼさん、ゆんさん、キャリーさん、hannchocobiさん、ももさん、プラチナのスプーンさん、あらんさん、りんさん、1209kmkさん、にしんさん、karinさん、とげまるこさん、ねこにゃーさん、hirotasumamaさん、めぐりんさん、あびにゃんさん、nanananaanatsukoさん、yuisayamamaさん、little-stargezerさん、あちゅこさん、24holyさん、ひゃくもんさん、hana0203120511さん、kenkenさん、涼☆さん、chiko8419さん、ebizさん、まなつさん、猫背ねこさん、織ちゃさん、しのっちさんさん、akaさん、みーママさん、なみださん、tamellaさん、なおみん♪さん、tmkさん、はるさん、遊松さん、アンエグさん、ぽんそわさん、toiさん、masacoさん、mikiさん、にこやまさん、おーしゃんださん、YURIさん、MIさん、ひろをさん、さちさちさん、モエさん、ひなままさん、rilaさん、ささみさん、aya-koayaさん、mama-0501mama-0501さん、tomoさん、もすらよーこさん、hiiさん、ハイジさん、gatou-chocolatさん、tantanさん、takapiさん、AKKOさん、あつさん、みほさん、まみこさん、kobuchangさん、なみちこさん、★りつか☆さん、kaoru-071さん、Fuさん、フルールさん、えみこさん、yuchibouさん、ぱりすずめさん、doremo-rikaさん、めいこさん、たまきーさん、nyannkoさん、go-go-lapinさん、おみなえしさん、chiyokoさん、maynaanさん、もじゃさん、yuka♡さん、たるさん、エミさん、くじらっちさん、mamiさん、petitecuisineさん、でんでんさん、はるるんさん、ナビスケさん、スコさん、ラベンダーさん、みゆうさん、chie☆koedaさん、ゆぅ～か。さん、かなっちさん、とろろんさん、ルミナスさん、Pちゃんさん、KEIさん、はにわさん、ひとちゃんさん、よささん、ちゃこさん、akky46さん、たぬさん、KAMU-YIさん、tankoさん、マスカルポー…さん、雪乃 響さん、いたのぶさん、ヤノッチさん、＊YOSHIMI＊さん、tateraさん、2711さん、めっさんさん、鹿の子さん、elmoさん、nao丸さん、にょろさん、Mamiさん、ももこさん、めろさん、ミットさん、suzuさん、attaさん、ゴリゴリさん、☆七色☆さん、しゃのある…さん、おたさん、鉄子さん、ゆちちさん、panda-ha-kumasanさん、S&y20151020さん、芽依さん、たぬきさん、ひのこさん、hirotatasumamaさん、けおりさん、demidemidemi391さん、ぽんぽんさん、hitomiさん、アンさん、夕さん、roseさん、チャコ☆さん、nao.naoさん、ふららんさん、みほさん、mamageni1582さん、かほちさん、龍湖さん、その豆さん、kohamama2008さん、く～さん、ろるさん、かにかまフラ…さん、はづきさん、みらいさん、rincolorinさん、makikonkonkonさん、kaoriさん、mamaki777さん、ruru104904さん、かもめさん、Aneさん、♡け♡さん、manaturuさん、和日和さん、pinguさん、亜貴さん、よりみちさん、か～こさん、シュウさん、umatonoさん、りんこさん、ジェジュさん、moonさん、junkom0618さん、とんちゃんさん、JBさん、オミさん、梅子さん、10623mikaさん、naoさん、ふわりさん、佐野小町さん、ようままさん、逆大人体型さん、hiroさん、ごはんさん、ユキさん、あにゃさん、nemyuiさん、ともみさん、あぁこさん、コウメさん、幸柳恭子さん、あみあみさん、ぱうちゃんさん……他、たくさんのブログ読者のみなさん、ありがとうございます！

※本書でご紹介した商品はすべて私物になります。

Staff

デザイン
加藤京子、我妻美幸（Sidekick）

撮影
大坪尚人（本社写真部）、南都礼子、フォトスタイリングジャパン

ヘアメイク
青田真希子、三輪昌子

PR 協力
黒田 剛

編集協力
榎本明日香

講談社の実用BOOK

大人体型《おとなたいけい》の「きれい」を引《ひ》き出《だ》す着《き》こなしの作戦《さくせん》

2018 年 10 月 11 日　第 1 刷発行
2019 年 3 月 19 日　第 9 刷発行

著者　窪《くぼ》田《た》千《ち》紘《ひろ》
発行者　渡瀬昌彦
発行所　株式会社講談社
〒112-8001　東京都文京区音羽 2-12-21
電話　編集（03）5395-3522
販売（03）5395-4415
業務（03）5395-3615
印刷　株式会社新藤慶昌堂
製本　株式会社国宝社

ISBN978-4-06-513130-5